JÉRÉMY FRYSON

Et si vos blocages venaient de vos vies passées ?

MÉTHODE D'ENQUÊTE ET DE LIBÉRATION
DES VIES ANTÉRIEURES

Le lotus & l'éléphant

58, rue Jean Bleuzen – 92 178 VANVES CEDEX

Édition : Stéphanie Viards
Relecture : Laure Salathé
Design graphique et mise en pages : Mathilde Battini
Fabrication : Anne-Laure Soyez

Dépôt légal : janvier 2025
ISBN : 978-2-01-727982-2/01
22-9330-1

support@lelotusetlelephant.com

Achevé d'imprimer en Espagne en janvier 2025.

Nous utilisons des papiers composés de fibres naturelles, renouvelables, recyclables et fabriqués à partir de bois issus de forêts adoptant un système d'aménagement durable. En outre, nous travaillons avec des fournisseurs de papier qui s'inscrivent dans une démarche de certification environnementale reconnue.

Cette publication n'est pas destinée à fournir ou à remplacer des conseils, des traitements ou des diagnostics médicaux conventionnels, ni à se substituer à la consultation d'un médecin ou d'un autre professionnel de la santé agréé.

PAPIER À BASE DE FIBRES CERTIFIÉES

hachette PRATIQUE s'engage pour l'environnement en réduisant l'empreinte carbone de ses livres. Celle de cet exemplaire est de : 1,1 kg éq. CO_2
Rendez-vous sur www.hachette-durable.fr

BONUS !

Retrouvez des surprises audios et vidéos
en scannant ce QR Code avec votre téléphone.

SOMMAIRE

INTRO DUCTION

Bienvenue dans le monde révélateur de la karmathérapie, une approche transformatrice qui vous invite à explorer VOUS-MÊME vos propres mémoires karmiques enfouies, afin de vous libérer des schémas répétitifs et de créer une vie épanouissante ou, évidemment, de l'appliquer à des personnes que vous accompagnez.

Imaginez un instant pouvoir plonger au plus profond de votre être et identifier les empreintes karmiques qui influencent votre vie actuelle...

Dans ce livre, grâce à une méthode interactive, je vous partage une boîte à outils, un voyage introspectif unique pour vous aider à identifier et à guérir les mémoires qui vous entravent.
À travers des descriptions détaillées, des exemples concrets et des exercices pratiques, je vous propose de reconnaître les schémas récurrents, les blocages et les défis de votre vie en les reliant à des archétypes de mémoires karmiques.
Que vous soyez novice en matière d'enquête karmique ou que vous ayez déjà exploré le sujet, ce livre vous offre une approche claire et accessible, issue de mon expérience de thérapeute en hypnose régressive et de médium. Mon objectif est de vous donner les outils nécessaires pour plonger dans votre monde intérieur, faire émerger les mémoires enfouies et vous guider vers la guérison et la transformation.

Grâce à des milliers de client·e·s, j'ai pu développer une méthode, une approche et, même si nous ne pouvons rien prouver, une efficacité pour vivre plus libre, plus conscient·e, et plus léger·ère ici et maintenant !

Les détours vers les vies antérieures n'ont au fond qu'un seul intérêt : nous faire aimer notre vie présente !

Dans cet ouvrage, vous ne trouverez pas de vérité surplombante et définitive, pas un vade-mecum de la pensée, mais une tentative ouverte de s'approcher de ce qui est le plus juste et le plus utile.

Alors, préparez-vous à un voyage de profonde introspection et de libération ! Il est temps de vous affranchir des mémoires qui vous retiennent dans le passé. Et d'aller aussi chercher les ressources pour demain !

Ouvrez votre cœur, ouvrez votre esprit, et bienvenue dans l'univers de la karmathérapie.

Que ce livre devienne votre guide bienveillant, qu'il vous aide à libérer les mémoires qui ne servent plus votre être pour créer une vie épanouissante et alignée sur votre véritable essence.

Prenez votre passeport pour vos mondes intérieurs, c'est parti !

PARTIE 1

LES MYSTÈRES DE L'INCARNATION

Avant d'enquêter, il est important d'élargir notre horizon et de partager toutes les croyances autour de l'âme, de l'incarnation et du karma.
Car en matière de karmathérapie, comme généralement en matière d'invisible, chacun·e vient déjà avec son bagage alors que le plus important est de rester ouvert·e à tous les possibles !

Qu'est-ce qu'une âme ?

Ce sont des questions aussi vieilles que la conscience incarnée : qu'est-ce qu'une âme, que se passe-t-il dans l'espace invisible/éthérique, entre deux vies... ? Ces sujets ont été largement documentés, ou du moins de nombreuses personnes ont tenté d'y donner quelques ébauches de réponses...

C'est ce grand mystère de la vie qui nous étreint tou·te·s et nous obsède parfois, comme si maîtriser l'âme nous permettrait de moins souffrir, ou carrément de ne pas mourir...

Vertigineux, complexe, sujet à controverses, voyons comment nous approcher de son essence...

L'étymologie du mot âme est multiple.

En sanskrit, on retrouve la racine *ana*, « respirer ». En grec *anemos*, « l'air ». En latin, *anima*, « la force de vie supérieure », et *animus*, qui s'oppose au corps (*corpus*).

L'âme est associée au souffle de vie qui habite le corps et qui l'anime. Pour être honnête, nous sommes très limité·e·s dans notre capacité à comprendre ce qu'est une âme, comment fonctionne réellement l'énergie et surtout quelles sont les exceptions qui confirmeraient certaines éventuelles règles…

Chaque définition revient à exprimer des croyances.

Lorsque l'on enquête (nous parlerons plus loin des outils d'enquête) sur l'âme, on peut être très surpris·e ! Car tout ce que l'on croit juste peut alors être démenti si l'on est assez ouvert·e pour accueillir d'autres éventualités et certaines particularités. C'est ainsi qu'on découvre peu à peu les mystères de l'incarnation…

C'est ce chemin qui commence pour vous !

Les vies antérieures et la réincarnation

Avez-vous déjà :

- fait des rêves dans une autre époque, troublants de réalisme ?
- rencontré quelqu'un et eu instantanément le sentiment de déjà le ou la connaître ?
- été passionné·e par un pays, une culture sans savoir logiquement pourquoi ?
- eu une phobie inexplicable ?

C'est PEUT-ÊTRE le signe d'une vie antérieure, une mémoire que votre conscience a gardée et réintégrée dans votre corps lors de cette incarnation. Une mémoire parfois inutile pour vous, mais non digérée, nettoyée, pardonnée ou comprise. Souvent aussi, des mémoires heureuses qui nous servent, nous animent, mais qui, si nous cultivons trop la nostalgie d'un « ailleurs », peuvent nous remplir d'une peine profonde… ou d'une *saudade* si vous avez des mémoires karmiques portugaises !

Qu'est-ce que la réincarnation ?

La réincarnation, ou retour dans la chair, désigne un processus de survivance après la mort par lequel un certain principe immatériel et individuel (« âme », « substance vitale », « conscience individuelle », « énergie », voire « esprit ») accomplirait des passages de vies successives dans différents corps (humains, animaux ou végétaux, selon les théories). Elle a été assimilée, à travers la littérature, à la transmigration des âmes, aux concepts de métempsycose, de métensomatose, de palingénésie ainsi qu'à l'éternel retour.

Il existe des descriptions de la réincarnation à différentes époques et dans différentes civilisations, notamment dans la pensée grecque chez Pythagore, Empédocle, Platon et l'orphisme, dans l'Égypte antique, l'Afrique subsaharienne et en Extrême-Orient.

La réincarnation est une croyance transculturelle au cœur de l'hindouisme, du jaïnisme, du bouddhisme, du sikhisme, du judaïsme.

De plus, aux adeptes des religions tribales africaines s'ajoutent différents groupes spiritualistes et les « athées » ou les agnostiques ouvert·e·s à différentes formes de spiritualité (sans oublier les praticien·ne·s en hypnose régressive ou en karmathérapie) qui amènent le nombre de celles et ceux qui y « croient » à plus de deux milliards de personnes dans le monde !

La réincarnation est récusée par les courants majoritaires de deux religions monothéistes, l'islam et le christianisme (mais le judaïsme, le catharisme, les Druzes et le rastafarisme adhèrent à cette doctrine, voir p. 18).

- La tradition islamique enseigne que chaque individu a une seule vie sur Terre et que le jugement de Dieu se fait après la mort.
- Dans le catholicisme, la réincarnation est également rejetée en tant que doctrine officielle. L'Église catholique enseigne que chaque personne a une seule vie terrestre et qu'après la mort, elle est jugée par Dieu pour son salut éternel. La notion de résurrection (revenir après la mort dans le même corps) est réservée à Jésus.

- Dans le judaïsme, la croyance en la réincarnation est diverse et dépend des courants et des interprétations. Certaines branches du judaïsme, comme la kabbale, ont des enseignements qui évoquent la possibilité de réincarnation et de vies antérieures (le Gilgul haNeshamot).

Pourtant, nous observons les principes de la réincarnation partout dans la vie : les cycles de la nature, le jour et la nuit, le mouvement cyclique du Soleil, de la Terre, de la Lune et du système solaire. Les principes de la réincarnation se reflètent autour de nous chaque jour : une plante pousse, meurt et libère ses graines. Ses racines s'enfoncent dans la terre, commencent à germer, et une nouvelle vie renaît une fois de plus.

Nous sommes flux de vie, circulation, évolution, cycle…

Je vois nos « vies antérieures » comme les pétales d'une marguerite dont le cœur serait notre âme. Ce sont des satellites énergétiques de notre incarnation présente, comme des bagages qui restent dans notre espace et qui, parfois, impactent notre quotidien. Surtout lorsque ces vies antérieures ont été source de souffrance, et qu'il n'y a pas eu, entre deux vies, le travail nécessaire de compréhension, de pardon, et donc qu'il reste des « traces », des informations non intégrées.

Pourquoi ne nous souvenons-nous pas de nos vies passées ?

Nous savons que nombre de souvenirs de notre vie présente sont stockés profondément dans notre subconscient. Notre cerveau les enregistre d'une certaine façon, ainsi nous ne sommes en mesure d'accéder qu'à une très petite partie de notre mémoire. Et c'est tant mieux !

Imaginez, par exemple, si vous aviez en permanence conscience de tous vos souvenirs de cette vie, et, EN PLUS, de vos vies passées ! Et qui plus est, des mémoires vives de vies passées où vous avez commis quelque chose de très mauvais. Vous devrez alors faire face à la culpabilité de ces actes dans cette vie. Et même de souvenirs très heureux : imaginez si vous vous souveniez d'avoir été très riche et très puissant·e dans des vies antérieures, ne serait-ce pas encore plus difficile de s'adapter à un mode de vie modeste, de redevenir enfant dépendant de ses parents, de devoir tout réapprendre ?

Imaginez si vous avez quitté une vie passée dans la quarantaine, l'angoisse qui pourrait naître à vos 39 ans dans cette vie-ci ! Imaginez même que, dans une autre vie, vous ayez été marié·e et très amoureux·se de Jeanne, et que Jeanne soit absente dans cette vie, qu'elle ne viendra pas vous rejoindre, ou alors en tant que mère ou fille… Imaginez le trouble provoqué…

Oui, se souvenir de TOUT de nos vies passées causerait de la détresse émotionnelle et de la confusion dans sa vie actuelle.

Quel intérêt de connaître ses vies antérieures ?

Si nous allons à la recherche de ces mémoires, c'est pour être plus léger·ère, pas pour s'en alourdir !

Avant tout, connaître ses vies antérieures permet de « comprendre » les liens avec cette vie présente (et avec les vies entre elles), pourquoi on vit certaines choses, mais aussi de débloquer des mémoires et des savoirs.

Qu'on les appelle « vies antérieures », « vies parallèles » ou « mémoires karmiques », ce sont juste des informations que nous allons chercher, il ne s'agit en rien de revivre des émotions par simple curiosité. L'objectif est de couper certaines récurrences, de pardonner à certaines personnes, de recevoir certains messages de la part de cet être que nous avons été, de clôturer certains chapitres et d'apporter de la conscience et du pardon, partout !

Voir vraiment les choses sous un nouvel angle est bouleversant, dans le sens que cela bouscule littéralement nos certitudes et nos croyances. Mais nous sommes loin de « revivre » ces moments, ils sont en nous, nous allons simplement les revoir comme un metteur en scène regardant son film, pas comme l'actrice ou l'acteur principal·e.

Ce n'est en rien traumatisant, c'est même TOUT le contraire, c'est « soignant » plus qu'autre chose.

Alors, vrai ou faux ?

La réincarnation, c'est faux (selon la psychanalyse)

Carl Gustav Jung, psychanalyste disciple (dissident) de Sigmund Freud, lie ce qu'il nomme le « mythe de la réincarnation » à sa théorie de l'inconscient collectif. Selon lui, notre inconscient nous donne accès à des archétypes universels auxquels nous nous identifions. C'est pourquoi tant de personnes se retrouvent projetées dans des incarnations telles qu'un moine tibétain, une sorcière médiévale, un prêtre égyptien, une prostituée romaine, voire un habitant de l'Atlantide... Et si peu dans des rôles plus banals comme celui d'un plombier finlandais, d'une concierge albanaise ou d'un allumeur de réverbères à gaz.

Patrick Drouot[1] convaincu de la réincarnation, admet honnêtement avoir vécu sur son divan six incarnations différentes du Christ ! Sous le prisme jungien, ce sont peut-être simplement des vies de « sauveur » et son propre rapport au mythe qu'il faut mettre en conscience.

Certain·e·s psychologues, sans nécessairement évoquer les archétypes, considèrent ces souvenirs de vies passées comme des projections de jeux de rôle de l'inconscient, où le·la patient·e revit des expériences profondes de sa vie personnelle. Ainsi, nous nous retrouverions confronté·e·s, un peu comme dans certains rêves, à la symbolisation d'un problème ou d'un aspect psychique de notre vie actuelle. Cela pourrait expliquer les cas fréquents de guérisons spectaculaires de symptômes chroniques.

1. Patrick Drouot est physicien, diplômé de la Columbia University de New York, spécialiste mondialement reconnu de l'étude et de l'avancement des sciences cognitives, de l'expérimentation des états d'expansion de conscience et des thérapies quantiques.

Les faux souvenirs

De faux souvenirs peuvent se former sous hypnose mais ne correspondent pas à des événements réels du passé. Le principe de ces faux souvenirs repose sur plusieurs mécanismes psychologiques :

- Les suggestions du·de la praticien·ne peuvent influencer la perception et la mémoire du sujet et conduire à la création de souvenirs qui n'ont jamais eu lieu.
- En état d'hypnose, l'imagination du sujet peut être très active et immersive. Il peut confondre les pensées imaginaires avec des souvenirs réels.
- Les personnes en état d'hypnose sont souvent plus suggestibles, ce qui signifie qu'elles sont plus enclines à accepter et à intégrer les suggestions données par le·la praticien·ne.
- Une fois qu'un faux souvenir est suggéré et accepté par le sujet, il peut être renforcé par le biais de confirmation. Le sujet peut interpréter les informations ultérieures de manière à confirmer ce faux souvenir, renforçant ainsi sa croyance en sa réalité.
- En hypnose, les souvenirs peuvent être reconstruits et modifiés. Des éléments imaginaires ou suggérés peuvent être intégrés à la mémoire du sujet comme s'ils étaient réels.

Puisque les faux souvenirs peuvent être influencés par les attentes du sujet ou par les croyances du·de la praticien·ne sur le passé du sujet, un·e bon·ne accompagnateur·rice en hypnose de régression karmique connaît et sait gérer ces biais, éviter les suggestions et les « errances ». Mais au-delà de ce qui est vrai ou artificiellement construit, il·elle s'évertue à en tirer le meilleur pour la personne dans son présent, sans laisser présumer d'une quelconque vérité absolue et définitive.

Fausses « vies antérieures »

Dolores Cannon expliquait parfaitement ce phénomène dans son livre *Les Trois Vagues de volontaires et la Nouvelle Terre* :

« Des gens qui ont vécu sur Terre pendant de nombreuses vies ont les mémoires de ces vies enregistrées dans le subconscient. Bien que ces mémoires ne soient pas conscientes, elles sont cependant indispensables pour qu'une personne puisse naviguer dans la densité de la vie humaine. Elles offrent un paysage, des références qui lui permettent de fonctionner. Un nouveau-né paraît venir tout frais sans aucune référence jusqu'à ce que ses parents et la société lui donnent des repères. Ce qu'on appelle un "nouveau-né" est en fait une très vieille âme qui a fait des centaines de périples dans le scénario compliqué que l'on appelle la "vie". Cela lui donne des références (inconscientes) sur la vie humaine. Mais les âmes qui sont nouvelles pour la Terre n'ont pas ces connaissances et seraient complètement perdues s'il n'existait un procédé ingénieux développé du côté des Esprits appelé "empreinte". »

Partage d'un exemple vécu en séance d'hypnose régressive

Dans sa première vie antérieure visitée, la cliente est Fleur de soleil, femme autochtone en Amérique du Nord, amoureuse d'un autochotone qui part à la chasse à cheval mais qui un jour ne reviendra pas. Puis en sage-femme qui communique avec l'âme des bébés qui vont naître et les aide à venir au monde. Son rôle est de faire évoluer certaines âmes : empêcher celles qui sont en détresse de se suicider, ou réconforter certaines âmes dans leurs missions, et toutes les âmes des enfants qu'elle a mis au monde qui sont appelées à aider.
La cliente apprendra plus tard dans l'exploration que ce ne sont pas SES vies antérieures. On lui expliquera qu'on lui a donné des expériences d'autres âmes (ce que l'on appelle « empreintes ») pour qu'elle puisse aller plus vite et être plus efficace dans ses missions de protection et de préparation des âmes ici. Toute une vie empruntée pour que l'âme comprenne mieux, évolue, grandisse.
Un peu comme les livres qu'on lit et qui nous aident à vivre.

La réincarnation, c'est vrai !

L'exemple le plus impressionnant est la xénoglossie, la faculté (souvent sous hypnose) de parler une langue étrangère sans l'avoir apprise.

Pour le reste, il est quasiment impossible de prouver quoi que ce soit.

Le plus intéressant en karmathérapie est de prendre le fil de ce qui est juste et utile aux personnes plutôt que d'entrer dans une guerre scientifique qui échappe parfois aux choses de l'invisible.

Vous avez un message (canalisation[1])

N'ayez confiance qu'en vos ressentis.
N'écoutez que votre ressenti profond.
Plongez en vous comme une exploratrice.
Naviguez dans ces dimensions qui recèlent des trésors.
Apprenez à aimer ces oubliettes pleines d'or.
Recroquevillez-vous en vous-même pour vous retrouver.
Il n'y a pas de pression, pas de concours, pas de temps.
Il n'y a finalement que la conscience que vous avez décidé
de mettre à l'endroit de vos croyances.

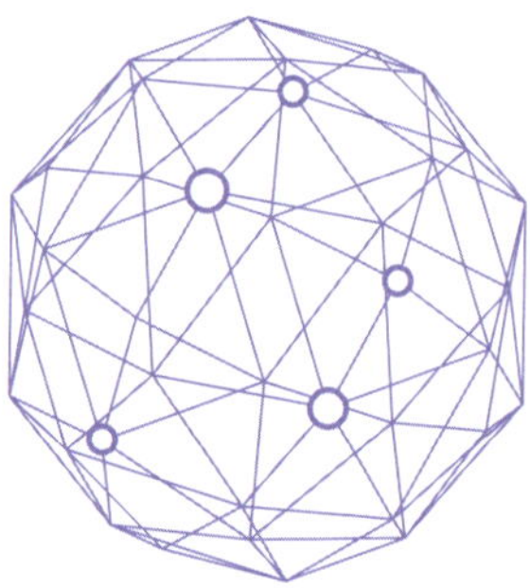

1. J'ai reçu ces messages lors de séances d'hypnose spirituelle, de médiumnité ou de lecture des annales akashiques.

Entre deux vies

De nombreux·ses auteur·rice·s et médiums ont abordé le thème de la vie entre deux vies. Et parmi eux·elles :

- Michael Newton, connu pour ses travaux sur la régression hypnotique, affirme avoir amené des milliers de personnes à se souvenir de leurs vies passées et de l'expérience entre deux vies. Son livre *Souvenirs de l'au-delà* explore ces thèmes. Entre chaque vie, il décrit un état d'existence spirituelle où l'âme se repose, réfléchit sur les leçons apprises et planifie sa prochaine incarnation. Newton affirme que chaque âme a un groupe d'âmes compagnes avec lesquelles elle a des liens spéciaux et qu'elle retrouve entre les vies pour discuter de ses expériences.
- Dolores Cannon est également connue pour son travail en hypnose régressive. Elle a écrit sur les vies passées et les expériences entre deux vies. Son livre *Between Death and Life* aborde ces sujets. Dolores Cannon suggère que l'âme choisit ses parents et les circonstances de sa naissance pour expérimenter des situations spécifiques et apprendre des leçons particulières. Elle parle également d'un « Conseil » spirituel auquel l'âme rend compte entre les vies, et qui l'aide à planifier sa prochaine incarnation.

Le transkarmique

Ou… quand le karmique croise le transgénérationnel.

Le plus étonnant dans les enquêtes est quand les niveaux d'expériences se mélangent ! Quand, par exemple, le karmique (une vie antérieure) croise le transgénérationnel, on obtient ce que j'appelle le *transkarmique* !

On met au jour le fait que certaines personnes ont déjà été incarnées dans une de leurs lignées. Elles reviennent souvent pour finir un cycle, clore un sujet ouvert par la vie d'origine (donc ouvert « quand j'étais mon ancêtre »).

C'est souvent très libérateur d'identifier une mémoire transkarmique car l'âme est marquée à la fois par le côté karmique (mes mémoires de l'âme) ET transgénérationnel (mémoires familiales, donc davantage inscrites dans le corps).

On retrouve souvent, lors des soins, des infos transkarmiques qui sont le « point de capiton », c'est-à-dire, d'après le psychanalyste Carl Gustav Jung, l'information qui fait le plus sens pour les personnes et qui permet de répondre à de nombreuses questions, voire de soulager instantanément des problèmes très anciens ! C'est l'effet libérateur du « Ah mais c'est donc ça ! », ça « POP » !

Quel meilleur endroit pour apprendre à pardonner un crime, un viol, une injustice qu'en descendance de celui qui l'a vécu ou causé ? Comment apprendre à se défaire de croyances familiales sclérosantes si ce n'est dans une famille où l'on a été celui qui les a initiées dans le « passé » ?

Le transkarmique crée des blocages inconscients car plusieurs couches s'accumulent, des « forces » s'opposent :

- *Je viens pour aider la famille mais je suis aussi la cause de ses problèmes depuis des générations, comment me pardonner d'avoir causé tant de mal ?*
- *Si je suis la fille de mon mari dans une autre vie, comment peut se dérouler une sexualité épanouie dans notre couple ?*
- *Je suis venu·e régler une boucle mais je n'en prends pas conscience et je perpétue donc cette charge car elle est trop lourde à supporter : comment libérer le collectif autant que moi ?*

Les annales akashiques selon les cultures

Akashic est un mot sanskrit qui signifie « substance primaire ». Les annales akashiques correspondent à la « bibliothèque de l'Univers » où chaque âme est répertoriée et chaque événement enregistré. C'est en quelque sorte le livre de la vie, l'esprit cosmique, l'esprit universel, l'inconscient collectif, selon les croyances et appellations... C'est le réceptacle de toute expérience humaine, un enregistrement de tous les événements et de tous les talents. C'est la connaissance de toute chose passée, présente et future.

Ce ne sont pas des livres, même si de nombreuses personnes les perçoivent comme tels lorsqu'elles y accèdent. C'est davantage une vibration énergétique. C'est cette énergie vibratoire qui traduit en images, formes et symboles pour que l'esprit humain puisse comprendre.

Voici un aperçu de la façon dont les différentes croyances abordent les annales akashiques :

- **Dans la tradition hindoue**, les annales akashiques sont appelées *Akasha* ou encore « registres akashiques ». Elles sont considérées comme les enregistrements cosmiques de toutes les pensées, actions et événements passés, présents et futurs. On pense que ces enregistrements sont stockés dans l'éther cosmique (l'Akasha) et peuvent être consultés par des individus ayant atteint un niveau de conscience élevé.
- **Dans le bouddhisme**, les annales akashiques sont souvent associées à la notion de *Vijnana* ou « conscience ». On croit que chaque expérience vécue laisse une empreinte dans la conscience et que ces empreintes peuvent être explorées pour comprendre les vérités universelles et atteindre l'illumination. Certains courants bouddhistes posent l'hypothèse qu'au lieu de disparaître avec la mort, les différents agrégats psychiques composant l'homme se disperseraient et se transmettraient à un ou plusieurs enfants à naître. Ainsi, nous porterions tou·te·s en nous des « informations karmiques », des éléments psychiques, des émotions provenant de personnes ayant vécu avant nous.
- **La théosophie**, mouvement spirituel du XIXe siècle, a popularisé le concept des annales akashiques. Selon cette vision, elles sont une sorte de bibliothèque cosmique qui contient toutes les connaissances, les expériences et les histoires de chaque âme depuis sa création.
- **Dans le mouvement New Age**, les annales akashiques sont considérées comme une base de données énergétique contenant

toutes les informations sur chaque âme et chaque événement qui a eu lieu ou qui aura lieu dans l'Univers. On pense que ces enregistrements peuvent être consultés par le biais de la méditation, de la canalisation ou d'autres pratiques spirituelles. Certaines personnes considèrent les annales akashiques comme une métaphore ou un symbole représentant l'omniscience et l'interconnexion de toutes les choses.

Le karma selon les cultures et religions

Le concept du karma est présent dans différentes cultures et religions à travers le monde, et sa signification peut varier en fonction de ces perspectives.

Dans l'hindouisme, le karma est une loi fondamentale de l'Univers qui régit les conséquences des actions de chaque individu. Selon cette croyance, les actions positives ou négatives d'une personne dans cette vie ou dans des vies antérieures déterminent son destin et ses expériences futures. Le karma peut être vu comme une roue qui tourne, où chaque action a une répercussion correspondante.

Le bouddhisme partage une vision similaire du karma mais avec quelques nuances. Selon le bouddhisme, le karma est le résultat des intentions et des actions d'une personne, qui conditionnent la qualité de sa renaissance future. Le but est de se libérer du cycle du karma et de l'attachement pour atteindre l'illumination, où le karma cesse d'avoir un impact.

Dans le jaïnisme, le karma est considéré comme une substance matérielle invisible qui se colle à l'âme lorsqu'une personne commet des actions. Ce karma peut entraver la pureté de l'âme et causer des souffrances. Le jaïnisme encourage la pratique de l'ascétisme et de la non-violence pour réduire et éliminer le karma négatif afin d'atteindre la libération spirituelle.

Dans le sikhisme, le karma est vu comme une force qui façonne la destinée d'une personne en fonction de ses actions. Les sikhs croient que les actions justes et la pratique de la compassion et de la générosité peuvent conduire à une meilleure destinée, tandis que les actions négatives peuvent entraîner des conséquences négatives.

Dans ma vision de « karmathérapeute », un karma est une charge énergétique, au présent, une empreinte vibratoire qui vient attirer à elle la situation équivalente à celle qui l'a provoquée. En cela le karma se combine à la loi d'attraction.

Seule une expérience qui aura été comprise et intégrée pourra entraîner la libération d'un karma car, rappelons-le, le karma est une loi d'apprentissage.

Il existe deux grandes manières de se libérer du karma.

- La manière naturelle et automatique qui consiste à « payer sa dette karmique », c'est-à-dire à vivre l'événement retour et à comprendre intimement la portée de notre acte. Cette vision est souvent confondue avec la « loi du talion » (œil pour œil, dent pour dent) alors que dans sa vision orientaliste, il n'y a pas l'idée de vengeance, ou de punition, mais d'équilibre et de justice (comme dans le symbole yin/yang).
- La dissolution volontaire par anticipation, c'est-à-dire la KARMATHÉRAPIE : il s'agit d'aller comprendre de manière volontaire un karma pour ensuite le dissoudre ou le modifier via :
    - L'hypnose spirituelle, où l'on va revivre les événements karmiques originaux, comprendre avec le recul la portée de nos actes, négocier un pardon avec nous-même et les âmes concernées.
    - L'introspection et la transmutation : par un regard attentif à nos sentiments et sur nous-même, nous pouvons sentir les implications de chacun de nos actes et les changer avec une simple intention.
    - L'éveil, la réalisation : en conscience permanente de notre véritable Soi, c'est-à-dire dans une compréhension pure de l'expérience en elle-même par un regard non faussé par le mental, le karma s'épure de lui-même en quelques mois.

Alors, tout est-il déjà écrit ?

Je fais souvent la métaphore du stylo. Il y a peut-être le stylo qui est prévu en arrivant, l'épaisseur de son trait, l'encre, la feuille, la marge... Mais tout ce qui va s'écrire nous appartient. On peut même recharger le stylo-plume, réclamer quatre couleurs au lieu de la seule à laquelle on nous cantonne, et dessiner plutôt qu'écrire, dessiner dans la marge et même gribouiller...

Tout est à écrire, et il n'y a aucune fatalité. La vie, c'est parfois rendre simplement tout cela possible et jouer avec le stylo et la feuille. Ou un autre support.

Pas envie d'écrire ? Et si vous dansiez un poème ? S'il devenait chant ? Ou une simple vibration ? Juste être et ressentir peut être un art très créatif.

Au commencement, il n'y avait pas le verbe. Enfin, pas vraiment. Il paraît que c'est une des traductions possibles. Au commencement était la vibration, en fait, selon d'autres exégètes de la Genèse. Et finalement ? Aussi, peut-être bien.

Nous sommes ce que nous croyons et acceptons. Nous ne sommes limité·e·s que par notre imagination et ceux·celles qui la limitent.

Comprendre les mémoires karmiques : dis-moi de quoi tu souffres je te dirai quelles ont été tes vies antérieures...

Dans les croyances spirituelles, nos vies antérieures peuvent laisser des empreintes sur l'âme, qui se manifestent sous la forme de blocages émotionnels et psychologiques dans la vie présente. Ces blocages peuvent influencer la manière dont nous abordons les défis, les relations et les émotions au cours de notre existence actuelle.

Chaque blocage est unique et les origines de nos défis émotionnels peuvent être complexes. Il est important de reconnaître que la compréhension et le traitement des blocages peuvent varier d'une personne à l'autre.

L'objectif est d'ouvrir la réflexion sur la complexité de l'expérience humaine et de laisser la place à une exploration personnelle et introspective des défis émotionnels qui peuvent se manifester dans nos vies.

EXEMPLES DE BLOCAGES ET LEURS CORRESPONDANCES

- **Traumatisme émotionnel intense** : dans ses vies antérieures, l'individu a sans doute vécu des expériences extrêmement traumatisantes, telles que des guerres, des persécutions ou des abus graves. Ces traumatismes peuvent laisser des empreintes profondes dans l'âme, générant des peurs et des anxiétés dans la vie actuelle.
- **Phobies irrationnelles** : l'individu a peut-être subi des événements traumatisants liés à l'objet ou à la situation en question. Par exemple, une peur intense de l'eau pourrait être liée à une noyade dans une vie passée.
- **Attachement excessif au matériel** : l'individu a peut-être connu des périodes de manque ou de pauvreté, ce qui a généré une peur de manquer dans la vie présente.
- **Sentiment d'impuissance** : l'individu a été dominé ou opprimé par des figures d'autorité, créant une tendance à se sentir impuissant face aux défis de la vie actuelle.
- **Dépendance émotionnelle** : l'individu a eu des relations toxiques ou dépendantes, générant une peur d'être seul ou abandonné.
- **Sentiment de supériorité ou d'infériorité** : l'individu a occupé des rôles de pouvoir ou de soumission, ce qui a laissé une empreinte sur l'estime de soi dans la vie actuelle.
- **Blocage créatif** : l'individu a été découragé ou réprimé dans ses expressions créatives.
- **Difficulté à établir des limites** : l'individu a été envahi ou manipulé par d'autres, créant une difficulté à définir et à maintenir des frontières claires dans la vie actuelle.
- **Sentiment de culpabilité sans cause apparente** : l'individu a été impliqué dans des actions négatives ou destructrices, même s'il n'en a pas conscience dans sa vie actuelle.
- **Blocage spirituel** : l'individu a été impliqué dans des pratiques spirituelles négatives ou a été confronté à des situations qui l'ont éloigné de sa voie spirituelle.

Exemples de karma sur une vie

Voici un exemple pour comprendre les influences de nos vies antérieures sur notre présent : Micheline, une femme souffrant, à l'heure actuelle, d'une maladie des os.

MÉMOIRES NÉGATIVES

Ses vies antérieures, en lien avec la maladie des os, peuvent avoir contribué à façonner ses défis et ses luttes dans sa vie actuelle.

- Amelia, l'athlète passionnée qui a subi une grave blessure aux os. Cette expérience traumatique l'a influencée négativement en créant une certaine méfiance envers son propre corps et en lui laissant des cicatrices physiques et émotionnelles. Ce n'est pas directement la blessure qui l'impacte mais la façon dont elle l'a vécue dans une vie antérieure.
- Victor, le guerrier affaibli. Sa faiblesse osseuse l'a empêché de mener une vie active de combattant. Cette expérience a influencé négativement Micheline en créant une frustration face à ses limitations physiques et en remettant en question sa force intérieure. Sa culpabilité non digérée continue de l'influencer.
- Emily a été victime d'abus physique et émotionnel. Cette expérience traumatisante a laissé des cicatrices émotionnelles profondes et une méfiance envers les autres, avec l'idée que la femme est fragile par nature dans ce monde patriarcal et cette croyance influence son corps.
- Isabelle, rongée par le ressentiment et la colère envers les autres. Cette expérience a laissé également un poids émotionnel et l'a empêchée de pardonner et de trouver la paix intérieure. Ce poids a pu peser sur sa structure osseuse.

Évidemment, ce ne sont pas UNIQUEMENT les vies antérieures qui influencent nos maladies, il y a différents niveaux de conscience : biologique, géobiologique, psycho-émotionnel, transgénérationnel, karmique, ainsi que des niveaux moins connus (astral, éthérique, incarnationnel...).

MÉMOIRES POSITIVES

Nous pouvons aussi ramener à la conscience des vies ou expériences de vie très positives qui vont influencer notre santé ou notre guérison.

Ces vies antérieures, avec leurs traits et expériences uniques, peuvent impacter positivement Micheline en renforçant des qualités telles que la force, la grâce, l'altruisme, la curiosité et l'inspiration.

- Elizabeth, la danseuse étoile reconnue pour sa grâce et son talent exceptionnels. Cette expérience a apporté à Micheline une appréciation profonde de la beauté du mouvement et de l'expression artistique.
- Victoria, la chercheuse scientifique passionnée par la découverte de nouvelles avancées médicales. Son esprit curieux et sa détermination à trouver des solutions ont permis à Micheline de développer une approche analytique et persévérante face à la maladie.
- Anne-Marie, une athlète talentueuse et passionnée. Elle était connue pour sa force physique et son agilité. Cette vie a influencé positivement Micheline en lui donnant l'esprit combatif et une détermination à surmonter les obstacles. Cette même vie a pu impacter négativement le corps mais positivement sa résilience !

Dans l'optique de ce que l'on appelle le décodage biologique, les maladies des os, telles que l'ostéoporose, l'arthrite ou l'ostéosarcome, peuvent être explorées à la lumière de divers facteurs, y compris des éléments symboliques et émotionnels qui peuvent être associés à des expériences passées ou des schémas hérités. Le décodage biologique ne prétend pas fournir une vérité absolue ou scientifique, mais plutôt proposer une perspective symbolique et émotionnelle sur la maladie.

Les maladies des os peuvent ainsi être reliées à des expériences traumatiques ou des schémas répétitifs qui ont été transmis à travers les générations ou qui ont des racines dans des vies antérieures. Ces expériences peuvent être symbolisées par des conflits intérieurs non résolus, des émotions refoulées ou des schémas familiaux complexes. Par exemple, une personne atteinte d'une maladie des os pourrait être invitée à explorer les émotions liées à la rigidité, à la résistance au changement ou à la charge de responsabilités excessives.

En comprenant et en travaillant sur ces éléments symboliques et émotionnels, la personne pourrait être encouragée à trouver des moyens de guérison et d'équilibre.

Il est important de noter que ces interprétations symboliques et émotionnelles sont subjectives et ne sont pas scientifiquement prouvées. Le décodage biologique est une approche alternative et complémentaire à la médecine conventionnelle, et il est recommandé de consulter des professionnel·le·s qualifié·e·s et compétent·e·s dans ce domaine pour toute utilisation ou exploration de ces concepts. La compréhension et le traitement des maladies des os nécessitent une approche holistique qui considère différents facteurs, y compris les aspects physiques, émotionnels et environnementaux.

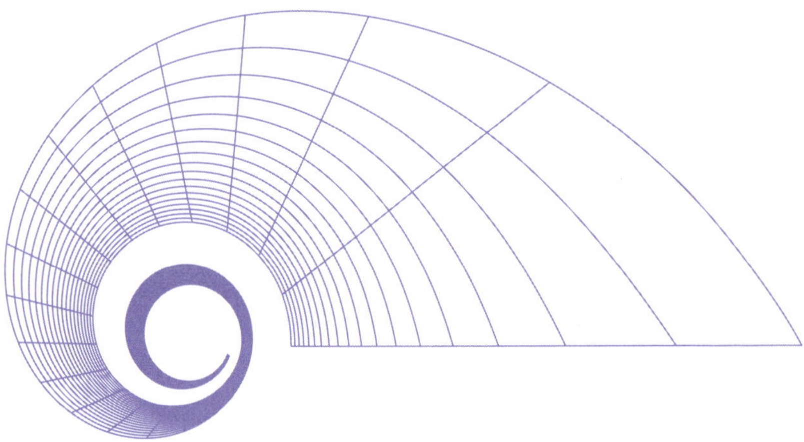

Vous avez un message (canalisation)

Vous êtes nombreux·ses à vouloir que ça aille plus vite.
Vos capacités, votre résilience, l'évolution de la société… Mais tout est question de lumière. Vous êtes dans la matière, il faut que cette lumière s'intègre sans vous griller ! Il faut que cela soit calibré et adapté si vous voulez pouvoir aller tranquillement, étape par étape vers la marche supérieure, de plus en plus haut.
Même les étapes de stagnation doivent être appréciées comme des étapes d'intégration.
En attendant, il vous revient de vous préparer, de préparer votre corps et votre conscient/mental à l'étape supérieure, comme un muscle qui se prépare, par la méditation, l'usage, la pratique, l'apprentissage, puis qui se repose pour éviter le claquage.
Faire les choses lentement permet aussi de les faire correctement, dans l'ordre et de façon évolutive.
C'est aussi vrai au niveau personnel que collectif.
Alors il faut aussi apprécier cette lenteur, elle est aussi juste que notre envie d'évoluer. On ne peut juste pas télécharger tout le savoir du monde dans une clé USB. Ou toutes les capacités de l'humanité dans le corps d'une seule personne. Un enfant de 3, 7, 12 ans ne passe pas le bac scientifique.
C'est vibratoire, c'est technique, c'est énergétique. Il faut aller à son rythme pour respecter sa musique.
Aimez ces phases-là de la Lune, celles qui décroissent, elles permettent le nettoyage, le ressac, préparent les nouvelles énergies à venir…

PARTIE 2

DÉBUTER EN KARMATHÉRAPIE

Dans cette partie, je vous partage des années d'expérience en tant que karmathérapeute, en séance ou lors de mes formations d'éveil aux capacités médiumniques. J'ai pu aider des milliers de personnes à se connecter à leurs archives akashiques, mais d'abord et avant tout à lever leurs blocages de connexion, à connaître tous les outils, et pour celles et ceux que ça rassure, à appliquer les protocoles décrits ici…

Mode d'emploi

Identification de vos perturbations karmiques

Utilisez les questionnaires et les exercices d'autoréflexion proposés dans ce chapitre pour identifier vos perturbations karmiques actuelles. Soyez honnête avec vous-même et explorez en profondeur les domaines où vous ressentez des blocages, des résistances ou des limitations.

Exploration des causes profondes

Une fois que vous avez identifié vos perturbations karmiques, plongez dans les mémoires et les expériences passées qui ont contribué à leur formation. Utilisez les outils de visualisation et de méditation guidée pour explorer ces causes profondes et obtenir des éclairages sur les leçons et les guérisons nécessaires.

Libération et guérison

Vous découvrirez une boîte à outils complète pour la libération des perturbations karmiques qui peuvent vous aider à vous défaire des schémas limitants du passé. Engagez-vous dans ces pratiques régulièrement et soyez ouvert·e aux transformations qui en découlent.

Intégration et transformation

Tout au long de votre voyage de libération karmique, observez les changements qui se produisent dans votre vie et dans votre corps. Soyez à l'écoute des nouvelles prises de conscience, des guérisons émotionnelles et des opportunités de croissance qui se présentent à vous. Intégrez ces transformations dans votre quotidien et nourrissez votre évolution personnelle.

Je vous invite à suivre ce mode d'emploi avec une intention claire et un esprit ouvert. Soyez patient·e avec vous-même, car la guérison karmique est un processus qui demande du temps et de la persévérance.

Rappelez-vous que vous êtes le·la créateur·rice de votre propre libération et que vous avez le pouvoir de transformer votre vie.

En explorant les perturbations karmiques et en les libérant, vous ouvrez la porte à une nouvelle compréhension de vous-même, à une plus grande harmonie intérieure et à une vie plus épanouissante.

Prêt·e à vous plonger dans votre propre guérison karmique ?

Quelques raisons qui vous empêchent de vous brancher aux annales akashiques

La communication avec ses vies antérieures peut être une expérience profonde et enrichissante, mais parfois, certaines barrières peuvent entraver cette connexion.

Voici quelques-unes des raisons très communes qui pourraient vous empêcher de les faire émerger !

Vous n'êtes pas en état de communiquer !

Stress chronique, manque de méditation, de respiration, de yoga, de marche ou de pratique spirituelle régulière : votre système nerveux a créé un système de suractivité du mental, de survie horizontale (gérer le quotidien ici) qui empêche la connexion verticale (être connecté·e, là-haut et partout).

L'état de dissociation nécessaire à la communication est une pratique qui devient naturelle avec le temps, de plus en plus facile. C'est un état naturel mais cela ne veut pas dire qu'il soit automatique chez tout le monde ! C'est un muscle, une habitude, une expérience à renouveler !

Il faut donc apprendre cet état, et le chouchouter !

Le manque de sommeil peut également affecter votre clarté mentale et votre énergie, rendant difficile la communication spirituelle.

La peur d'être dans un état spécifique dérangeant

Certaines personnes peuvent ressentir des émotions très nouvelles, étranges ou dérangeantes dans la communication. Un lâcher-prise inattendu, une sensation physique nouvelle, une dissociation gênante pour l'ego monolithique, un état d'absolu bien-être insoupçonné, voire une transe qui mène à un changement de voix ou de personnalité lors de la canalisation.

N'ayez pas peur d'être plusieurs personnes (à la fois) : canaliser les annales akashiques n'est pas de la schizophrénie mais peut s'en rapprocher dans la croyance qu'on en a. Ce n'est pas de la bipolarité mais si vous canalisez une vie extrêmement inverse à votre état d'âme, cela peut y ressembler, cela ne passe pas forcément par une réaction physique de type « possession » mais cela peut arriver : encore faut-il être prêt·e à se laisser posséder entièrement par l'amour, que l'ego accepte d'être moins un maître à bord qu'un copilote, et le corps de ressentir des émotions qui peuvent aller jusqu'à un ressenti orgasmique. Et laisser en soi l'espace à cette connexion...

Une attitude trop passive OU trop active

Vous attendez de recevoir des messages comme on reçoit du courrier alors que c'est une discussion, une communication, un échange, un dialogue, une partie de ping-pong avec vos vies antérieures ! Il faut être impliqué·e, actif·ve dans la connexion !

Ou au contraire, vous refusez de lâcher prise sur le besoin de tout contrôler. La peur de perdre le contrôle peut créer des blocages qui entravent cette connexion. Travaillez à développer la confiance et la capacité à vous abandonner au processus spirituel. Laissant aller le besoin de contrôle, vous ouvrez la voie à une communication plus fluide et enrichissante.

Il faut donc trouver l'équilibre entre être actif·ve dans l'enquête mentale ET passif·ve dans la réception des images, messages, compréhensions !

Un attachement excessif aux résultats

Votre désir de communication est basé sur la performance et votre réussite, pas sur l'intérêt spirituel de l'échange.

Votre désir de communication doit être basé sur la volonté d'apprendre et de grandir spirituellement, et non sur la recherche de performances ou de résultats spécifiques. La quête de résultats peut créer des attentes irréalistes et des déceptions. Apprenez à vous détacher des résultats et à apprécier le processus de communication lui-même.

Si la forme est aussi intéressante que le fond dans une communication, il n'en est pas moins une épreuve à réussir, un challenge ou une obligation : détachez-vous de la réussite pour mieux entendre l'essentiel ! Détachez-vous tout simplement de tous vos acquis, croyances, limites...

Manque de foi en soi-même (et dans la vie)

Le manque de confiance en vous peut créer une barrière entre vous et les informations. Croyez en votre valeur et en votre capacité à communiquer avec TOUT. Rappelez-vous que vous méritez cette connexion et que vous êtes digne de recevoir guidance et sagesse.

Trop d'humilité coupe la connexion ! Oui, vous méritez d'avoir été d'une très grande sagesse ou conscience, d'une très haute vibration. Oui, vous méritez même d'avoir une vie de personne célèbre ou grandiloquente. Oui, vous méritez de poser toutes vos questions et d'avoir toutes les réponses, et notamment celles que vous êtes génial·e et capable, que vous avez déjà réussi un grand nombre de choses et que vous êtes aimé·e (même si cela vient d'une vie que vous ne connaissez pas : encore faut-il accepter de l'entendre...).

Une confiance insuffisante dans l'Univers, dans la vie, peut aussi vous empêcher. La confiance renforcera votre réceptivité et facilitera une communication plus fluide et plus enrichissante.

Cela passe par la « conscience de soi », essentielle pour établir une communication spirituelle. Prenez le temps de vous connaître, d'explorer vos pensées, vos émotions et vos motivations. En développant une conscience de soi profonde, vous créez une base solide pour une communication claire et authentique avec votre guide spirituel.

Croyances limitantes

Vos croyances en ce que sont des vies antérieures sont peut-être en cause. Si vous croyez que c'est forcément VOUS en tant que personne, que cela est facile avec deux heures de méditation dans une vie, ou que vous vous attendez à quelque chose de très précis... ce sera peut-être plus difficile !

Votre focus sur la forme et sur vos erreurs fausse le jeu : iriez-vous à un rendez-vous amoureux en ne mettant en avant que vos incompréhensions, manques et défauts ?

Si vous croyez que seuls certains individus sont capables de cette communication ou que cela nécessite des capacités spéciales, vous vous limitez vous-même. Soyez ouvert·e à l'idée que chacun·e a la capacité de se connecter à des vies antérieures, y compris vous-même.

L'ouverture d'esprit est essentielle pour établir une connexion. Si vous êtes fermé·e ou intolérant·e envers les croyances ou les pratiques différentes des vôtres, cela peut créer des blocages. Pratiquez la tolérance et l'ouverture pour accueillir les messages spirituels avec une perspective plus large et plus inclusive.

Manque de clarté

Un jour un guide m'a dit :

1 - Vous ne posez pas (assez) de questions ;

2 - Vous n'écoutez pas (ou ne savez pas comment écouter) la réponse ;

3 - Surtout quand la question ne vous convient pas !

La clarté dans l'échange est fondamentale ! Si « tout ce qui se conçoit bien s'énonce clairement », selon Nicolas Boileau, alors on pourrait dire que « toute réponse dépend de la question posée » ! La connexion à vos vies antérieures commence souvent et d'abord par canaliser les bonnes questions avant de chercher les réponses !

L'étape d'accepter les réponses, toutes les réponses, même déstabilisantes, est la plus difficile !

Vos pensées sont constamment en mouvement, encombrées par des soucis quotidiens et des préoccupations diverses. Pour vous connecter à vos vies antérieures, il est crucial d'avoir l'esprit clair, un mental apaisé, de lâcher le contrôle et le stress ! La méditation régulière, la pleine conscience et des exercices de respiration peuvent vous aider à apaiser votre mental et à créer un espace propice à cette connexion subtile.

Le stress génère une suractivité du système nerveux, créant ainsi des obstacles à la communication spirituelle. Pour atténuer ce stress, engagez-vous dans des pratiques relaxantes comme le yoga, la respiration consciente ou des promenades dans la nature.

Préoccupations matérielles excessives ou dissonance sur les priorités

Lorsque vous êtes trop préoccupé·e par les aspects matériels de la vie, votre esprit est détourné de ses dimensions spirituelles. Il est important de trouver un équilibre, de laisser momentanément vos soucis matériels et de vous concentrer sur votre éveil, pour mieux vous connecter !

Vous avez peut-être également des questions trop « techniques » ou trop basées sur le futur alors que les connexions peuvent d'abord vous aider à vous aimer, à vous éveiller, bref, à être plus dans le présent ! Le futur viendra après ! Les vies antérieures ne sont pas des baguettes magiques qui permettent de nous retrouver sur un chemin de roses, elles nous aident juste parfois à transformer les ronces !

Si les réponses ne viennent pas, c'est peut-être que vous vous obstinez dans une direction ou sur un sujet qui, en fait, n'est pas ESSENTIEL.

Savoir écouter ses non-réponses est tout aussi important ! Ce ne sont pas forcément des problèmes de connexion, mais des réponses en soi, de ne pas y arriver (par exemple, vous indiquant que ce n'est pas le bon moment, pas la bonne question à poser, etc.).

Négligence des besoins physiques fondamentaux

La connexion passe par le corps, par votre système nerveux, TOUT votre être ! Ignorer vos besoins physiques et émotionnels peut créer des blocages énergétiques (c'est-à-dire que les informations sont bloquées par un mental trop fort).

Prenez le temps de reconnaître et de soigner vos émotions, votre fatigue, vos inquiétudes, d'apaiser votre mental. Cette attention ouvrira votre cœur et votre esprit à une communication spirituelle plus claire et plus profonde.

Une connexion pour les mauvaises raisons

Si vous vous connectez pour avoir à tout prix raison (même quand vous avez tort) ou pour trouver à un problème une raison autre que celle qui est évidente sous vos yeux (par exemple : oui, il faut juste quitter Michel, ce n'est pas forcément un nœud karmique, c'est juste qu'il vous reste de passer à l'action !), que vous vous connectez pour fuir le réel/le présent, ça risque de coincer !

Utiliser le passé comme outil de transformation : magique !

Se fixer sur le passé : danger !

Trop de distractions dans la vie quotidienne

Les distractions constantes peuvent empêcher la tranquillité nécessaire à la communication spirituelle. Prenez du temps chaque jour pour vous éloigner des écrans, des bruits et des obligations, afin de créer un espace de calme et de réceptivité. Un environnement paisible favorise une connexion plus claire avec votre guide.

Passer trop de temps sur les réseaux sociaux ou à consommer des divertissements superficiels peut brouiller votre esprit et diminuer votre vibration énergétique. Limitez votre consommation de ces distractions et consacrez plus de temps à des activités qui nourrissent votre âme, comme la lecture spirituelle, la méditation ou l'art créatif.

Trop d'émotions négatives

Les émotions négatives peuvent créer des blocages énergétiques qui empêchent les connexions.

Travaillez à comprendre, résoudre et à libérer la colère et le ressentiment, la culpabilité et la honte, les peurs et les peines. La guérison de ces émotions ouvre la voie à une énergie plus pure et à une communication plus claire.

Vous pourriez entamer un travail profond d'exploration intérieure, c'est passionnant !

Au lieu de vous enfermer dans le cercle vicieux des émotions négatives, utilisez ces moments pour méditer sur ce que vous ressentez.

Peur de l'échec

C'est le cercle vicieux : « Je n'y arrive pas car j'ai peur de ne pas y arriver ! » La peur de l'échec peut vous empêcher de tenter de communiquer avec votre guide. Rappelez-vous que la communication spirituelle est un processus d'apprentissage et de croissance. Chaque tentative, qu'elle soit couronnée de succès ou non, est une opportunité d'apprentissage. Libérez-vous de la peur de l'échec et soyez ouvert·e à l'expérience.

Manque de patience

La communication spirituelle requiert de la patience. Les messages ne viennent pas toujours instantanément ou de manière évidente. Apprenez à être patient·e avec le processus et à apprécier chaque petite étape de la connexion.

Sans moments réguliers de réflexion et d'introspection, il peut être difficile de capter les informations. Créez des espaces dans votre quotidien pour vous reconnecter avec vous-même, analyser vos pensées et ressentir vos émotions. Cette pratique régulière vous aidera à être plus réceptif·ve aux communications spirituelles.

Sans une vision claire de votre chemin spirituel, il peut être difficile de rester motivé·e et engagé·e. Prenez le temps de définir vos objectifs spirituels et de visualiser votre croissance à long terme.

Trop de dépendance aux substances toxiques

Qu'on se le dise, le café empêche la plupart des personnes de se connecter ! Évidemment, la consommation excessive d'alcool, de drogues ou d'autres substances toxiques peut brouiller votre esprit et diminuer votre vibration énergétique.

Pour établir une connexion claire avec votre guide, il est important de maintenir un corps et un esprit sains. Réduisez ou éliminez l'utilisation de substances toxiques pour améliorer votre clarté mentale et votre réceptivité spirituelle.

Résistance au changement

Les vies antérieures portent des clés d'évolution fondamentales, peuvent vous orienter vers des transformations positives. Si vous résistez au changement, vous pourriez bloquer la connexion. Apprenez à embrasser le changement inhérent à la vie, et à voir les transitions comme des opportunités de croissance spirituelle. Accepter le changement facilite la réception des messages !

Vous avez un message (canalisation)

Pourquoi le lâcher-prise ne fonctionne pas :
Parce que quand le subconscient entend lâcher quelque chose, une prise, il entend « lâche » ! Il entend une perte, un manque, une jambe en moins.
Parce qu'on n'a pas l'habitude d'avoir confiance en la vie, en soi, et aux deux mélangés.
Parce qu'on veut rester dans le contrôle de la situation qui a trop d'avantages et qu'on ne remplace des bénéfices secondaires que par d'autres bénéfices secondaires.
Parce qu'on a une longue habitude de cette zone qui n'est en rien une zone de confort mais qu'on n'est pas prêt·e encore à y mettre une zone d'amour à la place.

Parce qu'être victime nous permet de rester en lien dans le triangle dramatique et nous donne un rôle qu'on connaît bien.
Parce que ce n'est pas encore le bon moment.
Parce que nous n'avons pas visualisé les lignes de temps positives.
Parce qu'on déteste le mouvement.
Parce qu'on n'a même pas pris le temps de se poser sur le sujet.
Parce qu'on a peur de ce qu'il pourrait se passer en soi et qu'on ne se reconnaîtrait plus.
Parce qu'on a peur de se faire envahir par la vie.
Parce que notre système de sécurité (mental) est un harnais bien trop serré qui empêche les croyances militantes de prendre la place des croyances limitantes.
Parce qu'on se croit seul·e, abandonné·e, sans conscience des plans parallèles.
Parce qu'on se croit incapable de gérer.
Parce qu'on n'a pas appris la permanence de l'impermanence et la beauté des erreurs, échec et mat.
Parce qu'on essaie de maîtriser la vie plutôt que de créer avec la vie.
Parce qu'on ne sait pas (personne nous apprend, c'est notre mission) accueillir l'amour personnel, car pour nous l'amour est Tout, et nous y cherchons notre place en tant que partie.
Parce qu'il reste à comprendre, à intégrer, à ouvrir sa conscience.
Parce qu'il faut penser à l'envers.
Parce qu'il faut encore apprendre à respirer.

La protection énergétique

Toute connexion médiumnique est une phase pendant laquelle le·la médium est plus sensible, et beaucoup de personnes ont peur des basses fréquences (émotions négatives ou âmes en errance, par exemple). Mon expérience me fait dire que c'est avant tout la peur de ces énergies-là la plus dangereuse pour votre connexion. Si vous restez vous-même dans de belles intentions et gardez une distance émotionnelle avec tout ce qui peut se présenter à vous, il n'y a pas de risque, malgré tout ce que l'on peut lire ou entendre quand on nous parle des dangers de l'invisible...

Comme avant de sortir de chez soi, on met un manteau quand il fait froid ou l'on essaie de se prémunir des agressivités potentielles de l'extérieur, il est donc simplement utile de se mettre dans les meilleures conditions pour se connecter !

Comment se préparer ?

- Se concentrer sur soi
- Méditer
- Élever ses vibrations
- Être dans l'amour
- Ne pas juger ni soi ni les autres
- Se calmer
- S'aligner
- Ne pas faire d'excès
- Parler, dire JE
- Ne pas avoir peur

Canalisation sur la protection énergétique

Voici un texte que j'ai canalisé qui vous donnera une idée plus précise du chemin personnel à accomplir afin d'optimiser ce qu'on appelle la « protection » énergétique, qui est une protection émotionnelle, spirituelle et un respect de son intégrité physique et humaine.

Un coureur va s'entraîner longtemps, s'échauffer suffisamment et ensuite s'attirer. Un travailleur spirituel qui se lancerait sans préparation va droit au plaquage/claquage.

Tu dois protéger ton aura.

Car plus tu vas augmenter de vibrations plus tu vas attirer les gourmand·e·s, c'est une question de yin et de yang, de balance et d'équilibre.

La première façon de te protéger est d'accepter cela. Ça fait partie du processus. Te protéger c'est reconnaître que tu n'es pas infaillible, pas au-dessus de l'autre, intouchable. C'est à la fois une question de légitimité et d'humilité.

On doit toujours protéger ses arrières. Si tu ne l'as pas fait suffisamment avant, pas assez d'échauffements, c'est dommage mais tu peux compléter avec, après. Il y a des protections quotidiennes, des protections avant chaque soin et le grand ménage de printemps. Fais-toi aider, mets en place un protocole, un rituel. Tu sais, quand on vit ensemble, on n'a jamais envie de nettoyer la même chose au même moment et on n'a jamais l'œil sur les mêmes choses. On a notre propre regard sur les choses et quelqu'un d'autre a le sien. La première façon de te protéger est ta position par rapport à l'autre, à toi-même. Si tu veux sauver l'autre, tu ouvres une trop grande porte.

Tu ouvres grand la porte et tu dis à tout le monde : « Venez, venez, je vais vous sauver, habitez ici. »

Si tu restes sur le pas de ta porte et que tu dis à l'autre « je vais t'aider à t'aider », c'est beaucoup plus utile pour tout le monde. Dépose le masque du sauveur. Celui qui veut en faire trop pour rétablir son ego.

N'en fais pas non plus pas assez. Si tu restes à 100 m du pas de ta porte et que tu hurles à l'autre comment il doit s'aider, avec une toute petite voix qui s'excuse d'être là, qui ne croit pas à ce qu'elle fait, il ne t'entendra pas. Ni au-dessus, ni en dessous de ta position par apport à l'autre. Ta meilleure protection, ta plus profonde protection, c'est ta confiance. Que tu es légitime, capable de faire. La meilleure protection, c'est l'absence de doutes et de peurs.

C'est l'équilibre constant que tu cherches, que tu trouves parfois.

La meilleure protection c'est l'instant présent, la pleine conscience fait vibrer quelque chose de positif.

La meilleure protection, c'est de ne pas se forcer.

La meilleure protection, c'est d'être complètement serein·e et heureux·se, d'être ce que tu es, d'être là où tu es et de faire ce que tu fais.

Bien sûr, tu peux demander de la protection extérieure, c'est toujours utile. Tu peux demander une couverture à des guides, des chaussettes à des anges, l'Univers peut créer un mur autour de toi.

N'aie pas de doutes. N'aie pas non plus de certitudes. Ni trop, ni trop peu. La base de la protection c'est de t'écouter. Ton corps est ton principal allié, pas ton ennemi. Il te transmet les informations que ton subconscient et ton mental ne laissent pas passer, et te transmet différemment. Tout le monde est médium par le corps. C'est une caisse de résonance énergétique. C'est d'une simplicité déconcertante quand on veut bien s'y attarder.

N'aie pas peur des requins. Dans le monde, les requins tuent cinq personnes par an.

Ta première protection, c'est de détricoter toutes tes peurs et tes croyances, d'accepter d'en changer si nécessaire.

La protection doit être avant tout un travail intérieur, personnel, profond, de guérison, de développement, d'évolution, de transformation, d'acceptation.

Tu dois d'abord accepter de rayonner, d'être cette lumière, ce phare, ce bateau-phare. Si tu veux recevoir la lumière, tu dois accepter d'être une part de la Source. Car si tu n'acceptes pas totalement, entièrement d'être la Source, tu ne peux pas recevoir la lumière de la Source. Si tu penses que tu es une erreur, que ce n'est pas possible, que tu n'es pas capable, la lumière de la Source ne viendra pas te chatouiller.

Fais un choix profond, intègre, intense, clair et fais émerger en toi cette lumière que tu es, n'imagine pas que c'est seulement de la lumière que tu reçois. Tu dois accepter que ce soit aussi la lumière que tu es.

Ta lumière, celle que tu es, vibre et résonne. Tu dois passer de la protection de tes peurs, culpabilités, manque de confiance, à une protection de lumière.

Tu peux te protéger en te laissant totalement faire par la vie, la lumière, au lieu d'essayer de la maîtriser.

Si tu laisses totalement, entièrement, couler la vie sans chercher à la maîtriser, tu seras dans une armure de lumière.

C'est dès que tu veux trop en faire, trop comprendre, trop maîtriser, dès que tu veux trop douter, te sous-estimer ou surestimer que tu affaiblis tes protections.

La meilleure protection n'est pas forcément de FAIRE quelque chose mais c'est aussi parfois de ne pas faire, de ne pas craindre de n'en faire pas assez, ne pas se sous-estimer, juste ÊTRE lumière, être pleinement dans la confiance en soi et dans la confiance en l'Univers. Toute faiblesse dans ce contrat envers toi-même et envers l'Univers est une porte ouverte.

La meilleure des protections, c'est de te regarder dans le miroir de ton âme, et de voir ton âme briller pleinement, sans honte, qui ne s'excuse pas de briller, qui n'a pas honte de briller. Qui sait dire oui, non, je ne sais pas, je crois, je suis, et tant pis si vous ne me croyez pas, tant pis si je me trompe dans l'interprétation de l'analyse, vous n'avez pas la vue de tout le puzzle, faites confiance au puzzle avant de douter de vous.

EXEMPLE DE PROTOCOLE DE PROTECTION

Concentrez-vous sur votre état intérieur.
Appelez vos Maîtres, Guides, êtres chers afin de vous protéger.
Inspirez et appelez une lumière qui sera issue de la Source.
Choisissez votre couleur et laissez-la descendre sur vous depuis le Ciel, sentez-la vous traverser, passant par votre cœur, et vous revêtir d'un halo débordant de vous.
Pensez à ouvrir votre 8e chakra (*Tekla*[1]) et votre chakra du 3e œil, visualisez-les s'ouvrir.
Visualisez cette lumière entrer dans le sol jusque sous vos pieds, vos racines pour vous protéger.
Demandez toute la protection nécessaire, telle une forteresse autour de vos corps énergétiques et votre corps physique.
Ressentez et augmentez la puissance de cette protection.

Canalisation sur l'ancrage

Voici un texte que j'ai canalisé qui vous donnera une idée plus précise de ce qu'on appelle l'ancrage. Un ancrage dans votre être véritable, votre présent et votre dimension spirituelle autant que dans votre corps.

Plus vous êtes ancré·e, plus vous êtes ouvert·e spirituellement. Pourquoi ? Parce que la spiritualité passe par l'intérieur, par les racines, le lien à la Terre et à la vie autant que par le 3e œil !

1. Le 8e chakra, chakra de l'âme, est un chakra secondaire situé au-dessus de tous les autres ; d'aucuns prétendent qu'il permet l'accès aux dossiers akashiques.

N'ayez pas peur d'être perché·e, ou de ne plus être en lien avec votre vie terrestre, les deux ne s'opposent pas, mais se complètent.

Il faut avoir une pleine conscience du corps, car si vous oubliez ce corps qui est le véhicule de l'âme, vous coupez la connexion.

Il faut avoir conscience que nous ne sommes pas juste SUR la terre, mais lié·e·s à la Terre.

Il vaut mieux même, plus que se sentir lié·e·s à elle, se sentir DANS le sol, pas que dessus, mais dedans.

Car nous sommes des arbres : se connecter dans le sol, c'est comme se connecter au réseau souterrain de l'unité que nous formons, entre humains. Si nous ne nous connectons que par les branches (la partie supérieure du corps), la connexion est restreinte.

C'est un double langage : à la fois en bas et en haut, se connecter à la fois à ce qui fait notre humanité profonde, faite de carbone, en tout point des êtres de la nature, et en même temps grâce à ce 3e œil (nos branches) pour capter ce qui est à l'air libre.

On peut très bien être peu ancré·e, mais l'être évite des désagréments. On prend ainsi le meilleur des deux, de ce qui fait de nous des humains, à la fois pleinement ICI, dans un corps limité dans l'espace, et aussi pleinement PARTOUT, avec notre conscience capable de se connecter à TOUT et PARTOUT, illimitée.

Votre corps, votre humanité aussi, c'est votre spiritualité.

S'ancrer n'est pas juste s'arrimer à la terre pour empêcher de s'envoler, mais communier avec son énergie autant qu'avec l'énergie de tou·te·s ceux·celles qui y sont.

EXEMPLE DE PROTOCOLE D'ANCRAGE

Concentrez-vous sur votre état intérieur.
Appelez vos Maîtres, Guides, êtres chers afin de vous accompagner.
Inspirez profondément et visualisez une lumière issue de la Terre.
Choisissez votre couleur et laissez-la monter en vous depuis le centre de la Terre, sentez-la vous traverser, formant des racines solides qui vous soutiennent profondément jusqu'à votre cœur, et vous revêtir d'un halo débordant de vous.
Visualisez cette lumière monter jusqu'au Ciel.

Pensez à ouvrir votre chakra racine (*Muladhara*) et votre chakra sacré (*Swadhisthana*). Visualisez-les s'ouvrir et se connecter de la Terre au Ciel.
Sentez l'énergie de la Terre remonter par vos racines, traversant vos pieds, vos jambes et montant jusqu'à votre cœur.
Demandez à la Terre de vous ancrer fermement, telle une montagne immuable, solide et stable. Ressentez cette connexion avec la Terre, sa force et sa stabilité, et augmentez la puissance de cet ancrage.
Remerciez la Terre, vos maîtres, guides et êtres chers pour leur soutien et leur présence.

Vos outils d'enquête et de validation

L'enquête karmique est une œuvre d'écoute et d'accueil de la parole, des mots, des réactions émotionnelles, corporelles, énergétiques !

Quand on pratique une enquête karmique, notre principal outil c'est le corps, ici et maintenant, et ce qu'à travers lui le subconscient peut manifester, à commencer par oui ou non... Au fur et à mesure qu'on enquête, la validation corporelle se précise et permet de trouver les subtilités, les bons mots, les détails... Le corps devient alors un véritable interprète de l'invisible et de l'inconscient !

Cette validation corporelle est utilisée dans de nombreux soins : kinésiologie, ThetaHealing, HoliScan...

Il est très facile d'établir des conventions avec votre subconscient via le corps : validation, libération, blocage... Demandez à votre corps de vous donner un ressenti physique différent pour chaque message. Le champ des possibilités est large : frisson, caresse, acouphène pour la présence d'une âme ou d'une entité, bâillement quand une mémoire est transmutée, des gargouillis intestinaux, mal de gorge quand on commence à oser rendre oral un secret, etc. D'ailleurs, vous avez déjà certainement des messages corporels sans les avoir identifiés...

Au-delà du décodage biologique des maladies, il y a aussi toute une grammaire de réactions physiques à décoder… C'est passionnant de réaliser à quel point tout nous est transmis, ou accessible !

Évidemment, d'autres outils comme les baguettes coudées ou le pendule vous permettront également de valider et recouper vos informations, car le doute n'est pas votre ennemi, il est le signe que vous n'avez pas encore atteint la subtilité de l'information. Quand vous touchez à l'information juste, le corps sait et valide ! Et parfois très fortement !

NB. Attention à bien demander votre convention pour chacun de ces outils-là ! Certaines personnes peuvent avoir une convention inversée par rapport à la majorité. C'est à VOUS de ressentir !

Tableau récapitulatif des outils

Famille d'outils	Technique	Protocole	Convention
Corporel	Test musculaire	Corps, bras, doigt soumis à une pression légère.	En duo : quelqu'un appuie sur votre bras. La résistance ou le relâchement est un indicateur de réponse. En solo : utilisez vos doigts, faites deux boucles et voyez si ça dit oui quand ça résiste ou quand ça retient.
	Validation corporelle	Frisson, caresse, acouphène…	Selon la convention personnelle.
	Signaling formel	Convention passée avec l'inconscient pour obtenir une réponse corporelle.	Souvent un doigt ou un bras qui bouge pour dire oui, un autre pour dire non.

Intuitif	Médiumnité/ Clair savoir	Décrit dans les pages suivantes. Attention à bien faire le tri entre les perceptions de l'inconscient et les mémoires karmiques, d'enfance ou collectives…	Convention personnelle à définir.
	Ressenti/ Clair ressenti	Dans l'espace, passer l'index sur les lignes d'une liste, ou passer la main sur une zone pour une détection « énergétique ».	Convention personnelle à définir.

Pour les accessoires, comme les baguettes coudées, le pendule avec les planches de Bovis, je vous conseille de suivre une formation spécifique.

Le test musculaire

L'intérêt du test musculaire/de la validation corporelle

Toutes les kinésiologies reposent sur le test musculaire, une écoute fine et précise des changements de tonus musculaire permettant de repérer et de lever les blocages qui limitent notre plein potentiel et entravent la réalisation de nos objectifs. Ce test n'est pas l'apanage des kinésiologues. De nombreux·ses professionnel·le·s de la santé l'utilisent également dans leur pratique, tel·le·s que les médecins, les homéopathes, les posturologues, les podologues, les orthophonistes, les dentistes, les chiropracteur·rice·s, les ostéopathes, etc.

Le test musculaire consiste à évaluer le tonus d'un muscle en appliquant une légère pression à la contraction, tout en testant un éventuel facteur de stress. Ce dernier peut être une émotion, une attitude, une situation, un mouvement ou une posture corporelle. Avant cela, le·la kinésiologue s'assure de la fiabilité du tonus de ce muscle spécifique.

La réponse musculaire échappe au contrôle du mental conscient : à travers le test musculaire, nous entrons en communication avec la conscience corporelle et accédons à sa mémoire. Les expériences passées sont enregistrées par les neurones et les cellules des tissus, des nerfs et des muscles. Bien que présentes, ces expériences sont souvent oubliées par le mental conscient mais elles influencent nos réactions présentes, qu'il s'agisse de peurs, de colères ou de douleurs accumulées depuis notre conception.

Le test musculaire implique de demander au sujet de tendre un bras horizontalement sur le côté et de résister autant qu'il le peut. L'examinateur·rice exerce ensuite une pression verticale vers le bas au niveau de la main pour évaluer la résistance. Ensuite, une question est posée. Si la réponse est non, la force musculaire de résistance du sujet à la pression de l'examinateur·rice diminue. Dans le cas contraire, elle augmente.

LES LIMITES DU TEST MUSCULAIRE

Le cerveau ne faisant pas de distinction entre le réel, le symbolique, l'imaginaire et le virtuel, les réponses musculaires doivent être reçues avec prudence.

En effet, le test musculaire repose sur les ressentis, les réactions de la personne face à une situation donnée et non sur la situation elle-même. C'est la façon dont la personne se voit et réagit face à une situation ou son environnement que le·la kinésiologue teste et non l'environnement lui-même. Le·La kinésiologue travaille de façon objective sur de la subjectivité et non sur de l'objectivité. Le test musculaire est un détecteur de stress et non un détecteur de vérité.

Utilisé dans le cadre d'une séance de karmathérapie, le test musculaire n'a pas pour fonction de faire un diagnostic de l'état de santé de la personne, ni de tester des médicaments, de prédire l'avenir ou encore de révéler des informations qui seraient étrangères à la personne. En revanche, il sert à valider des informations emmagasinées dans les corps invisibles ou l'inconscient de la personne, comme des mémoires, des blocages, des croyances...

L'intuition ou clair savoir/médiumnité

L'intuition, ou clair savoir, consiste à savoir une chose sans savoir d'où vient cette information : perceptions inconscientes, mémoire akashique, inconscient collectif, autre ? Ainsi, lorsque vous vous posez la question, une réponse peut venir aussitôt dans votre esprit sans en connaître l'origine.

Comme le mental peut vous jouer des tours, il est toujours souhaitable de vérifier la réponse avec une autre méthode. Mais avec l'expérience, vous apprendrez à faire confiance à votre clair savoir et cela ne sera plus nécessaire.

Quelques conseils pour développer la validation corporelle

- Tout est basé sur la relaxation de votre système nerveux, commencez donc, sans pression et sans enjeu, à trouver le meilleur contexte pour vous détendre !
- Dites plusieurs fois votre PRÉNOM en demandant que le OUI s'intensifie dans votre corps.
- Vérifiez ensuite comment s'exprime le NON, qui peut être une autre validation OU une absence de validation.
- Expérimentez divers tests ou outils pour trouver celui avec lequel vous êtes le plus à l'aise.
- Le doute est permis, le mental aussi : c'est juste que vous n'avez pas encore trouvé l'info la plus JUSTE s'ils se manifestent trop !
- Le « test » ne donne qu'une indication concernant la réponse. Il convient toujours de la vérifier en refaisant le test plus tard ou en la faisant vérifier par d'autres personnes ou d'autres outils.
- Prenez votre temps pour effectuer le test.
- Acceptez aussi que nous sommes dans le domaine du « non prouvable », sauf par les réactions émotionnelles et physiques, donc a posteriori. Ce qui est difficile, c'est d'accepter que, parfois,

l'absence de réaction EST la preuve que quelque chose a bien été libéré, car on a plutôt évité une manifestation dans l'avenir (maladie, blocage…) que produit un effet !

- C'est un outil qui se trouve en faisant ses gammes, donc : EXPÉRIMENTEZ ENCORE PLUS !

Conseils si vous utilisez le test musculaire, le pendule ou les baguettes

- La concentration sur la question posée est essentielle. Elle doit demeurer tout le temps du test.
- La réponse dépend de la question !
    - Il convient de poser des questions dont la réponse ne peut être que « oui » ou « non ». Il peut arriver que la réponse ne soit pas nette, cela signifie généralement que la question a été mal posée.
    - Éviter le plus souvent possible les questions oui/non (même si parfois c'est utile pour valider, vérifier, ou quand la question s'y prête).
      Question fermée, c'est 50 % de chances de se tromper !
      Question ouverte : où, pourquoi, comment, depuis quand ? C'est moins !
- Plus la question est précise, plus elle sera exploitable.
- Ne pas tirer de conclusions ! Vérifier et creuser !
- C'est toujours plus difficile pour soi !

Conseils pour atteindre un état de conscience modifié

Les médiums et praticien·ne·s spirituel·le·s proposent différentes méthodes pour se connecter aux annales akashiques, en utilisant leurs capacités de *channeling* ou de clairvoyance. Ils peuvent entrer dans un **état modifié de conscience** afin d'explorer cette bibliothèque des mémoires.

Voici quelques-unes des techniques couramment utilisées pour se calmer et se connecter :

MÉDITATION ET AUTOHYPNOSE

Commencez par vous détendre et vous concentrer sur votre respiration.

Laissez les pensées se dissiper et amenez votre esprit à un état de calme et de réceptivité.

Vous pouvez utiliser des techniques de méditation guidée ou d'autohypnose spécifiquement conçues pour l'accès aux annales akashiques[1], ou simplement vous concentrer sur l'idée d'ouvrir votre esprit à ces informations universelles.

VISUALISATION ET SYMBOLISME

Vous pouvez imaginer un espace sacré, comme une bibliothèque, un temple ou un jardin, où les annales akashiques sont accessibles.

Utilisez votre imagination pour créer des détails visuels clairs de cet espace.

Vous pouvez également vous imaginer en train de feuilleter un livre symbolique représentant les enregistrements akashiques et d'en extraire les informations dont vous avez besoin[2].

1. Il en existe beaucoup sur YouTube mais également sur le site www.eveilauxmondesinterieurs.com, dans la boutique.
2. Voir sur YouTube ma séance gratuite *HypnosExpérience : Le temple de la guérison selon Dolores Cannon* https://youtu.be/e6gQZU9aqlE.

ÉCRITURE AUTOMATIQUE OU DESSIN INTUITIF

Après avoir créé un espace de connexion, vous pouvez essayer des techniques d'écriture automatique ou de dessin intuitif.

Prenez un stylo et du papier et laissez vos mains se déplacer sans effort. Ne vous préoccupez pas de la logique ou de la cohérence, laissez simplement les informations venir à vous à travers l'écriture ou le dessin.

Vous pouvez poser une question spécifique ou simplement laisser les annales akashiques vous guider dans ce qui est important pour vous en ce moment.

Il est important de noter que la connexion aux annales akashiques est une pratique personnelle et que chaque individu doit trouver la méthode qui lui convient le mieux. Certaines personnes utilisent facilement une combinaison de différentes techniques, tandis que d'autres peuvent se sentir plus à l'aise avec une seule méthode. L'essentiel est de maintenir une ouverture d'esprit et une réceptivité, et de faire confiance à votre propre intuition dans cette exploration des annales akashiques.

Vous avez un message (canalisation)

Cette vie antérieure trop lourde à porter qui réapparaît, c'est juste un souvenir qui vient t'apprendre quelque chose si tu l'acceptes.
Il n'y a qu'une solution, c'est faire la différence entre elle et toi, être parfaitement ici et maintenant, t'aimer encore plus en tant que toi-même, t'ancrer dans ton corps…
Accepter puis oublier cette résonance du passé ou lui dire gentiment sans jugement que tu ne lui laisses plus de place aujourd'hui. Tu peux lui faire un courrier de licenciement, ou l'éduquer… Ou la comprendre et l'aider à s'aimer elle aussi… Dissous ces troubles qui te décentrent.
Il n'y a pas de vie antérieure intéressante qui ne te ramène pleinement EN TOI.
Il n'y a pas de chemin, la Source c'est ton choix en chaque instant : est-ce que j'aime ou non ? EST-CE QUE JE CHOISIS DE M'AIMER OU NON ?

Retourner à la Source, c'est retourner ici et maintenant perpétuellement.
Je pense que nos zones très sombres n'ont qu'une fonction : nous aider à nous rendre compte à quel point nous sommes des êtres puissamment créateurs, souverains, libres… Oui, nous pouvons faire du mal, aussi.
Nous nous jugeons avec le mental selon les lois binaires du bien et du mal… Mais l'Univers s'en fiche un peu.
Si cette mémoire t'apparaît, c'est pour t'apprendre quelque chose de sublime…

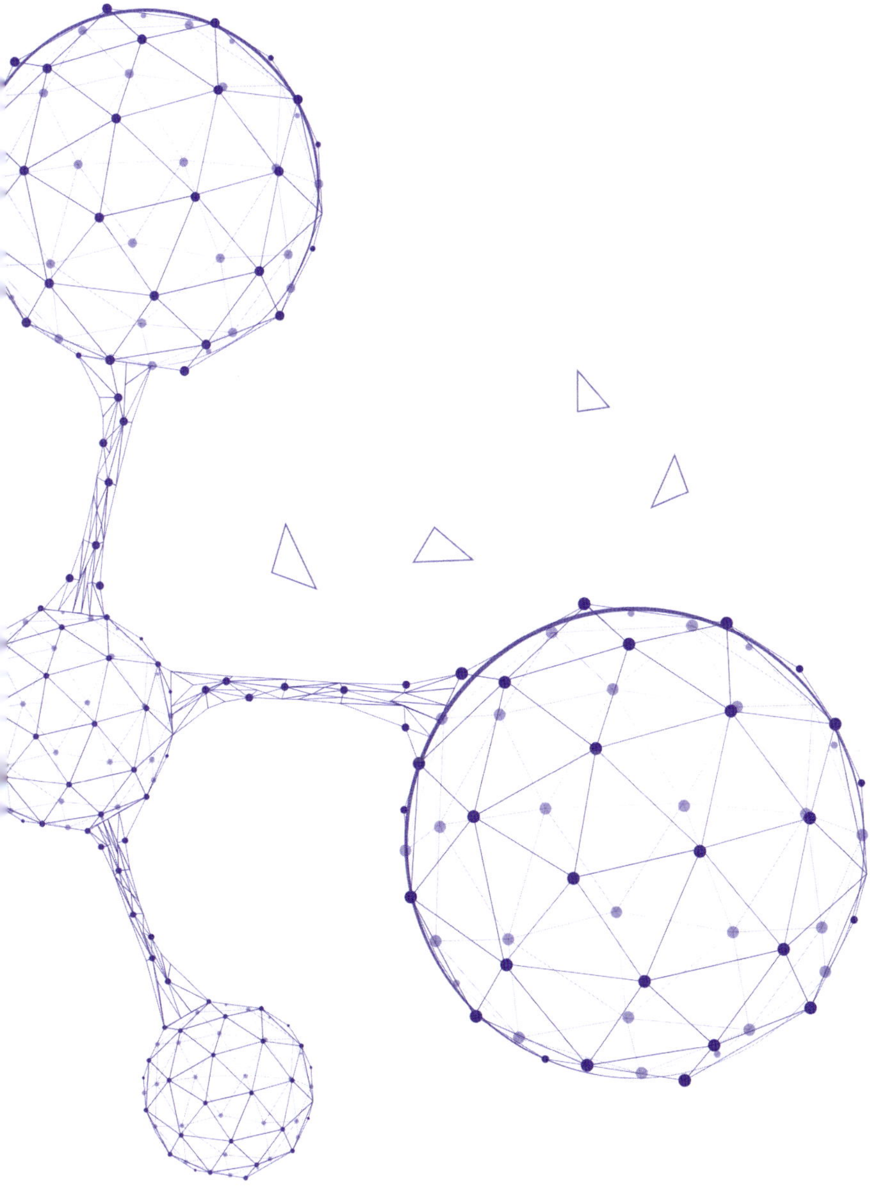

PARTIE 3

PASSER À L'ACTION

Et maintenant, à vous de jouer ! Vous avez toutes les cartes en main. Pour vous aider, cette partie est comme un fil d'Ariane qui vous guidera pour pousser l'enquête jusqu'à de merveilleuses révélations et, je l'espère, des prises de conscience salvatrices !

Identifier vos perturbations karmiques

Il n'est pas systématique de trouver l'origine d'un blocage dans les vies antérieures, ce n'est pas la seule source de mémoires bloquantes. Leur importance est variable selon les personnes et leurs blocages. Il est nécessaire de faire un travail plus complet pour identifier toutes les strates d'un problème : transgénérationnelles, psychoémotionnelles, croyances limitantes, parasitages énergétiques et, évidemment, problèmes biologiques ou même géobiologiques, etc.

Questionnaire d'autoréflexion

Prenez le temps de répondre à ces questions en toute honnêteté. Cela vous aidera à identifier les perturbations karmiques qui sont présentes dans votre vie et à prendre conscience des schémas récurrents et des blocages que vous pourriez rencontrer.

- Quels sont les schémas récurrents ou les situations qui se répètent dans votre vie, malgré vos efforts pour les changer ?
- Avez-vous des peurs ou des phobies inexplicables qui semblent avoir une origine profonde ?
- Identifiez-vous des schémas de relations problématiques ou de difficultés à établir des liens harmonieux avec les autres ?
- Y a-t-il des domaines de votre vie où vous vous sentez bloqué·e, limité·e ou sans énergie ?
- Quelles sont les émotions négatives qui reviennent régulièrement et semblent difficiles à surmonter ?
- Quels sont les types de situations ou de personnes qui déclenchent des réactions émotionnelles intenses en vous ?
- Y a-t-il des talents ou des capacités que vous savez avoir, mais qui semblent être constamment entravés ou sous-utilisés ?
- Avez-vous des croyances limitantes ou des schémas de pensée négatifs qui sabotent votre estime de soi ou votre confiance en vous ?
- Avez-vous des comportements ou des habitudes compulsives qui semblent hors de votre contrôle ?
- Y a-t-il des domaines de votre vie où vous ressentez un manque de sens, de but ou d'accomplissement ?

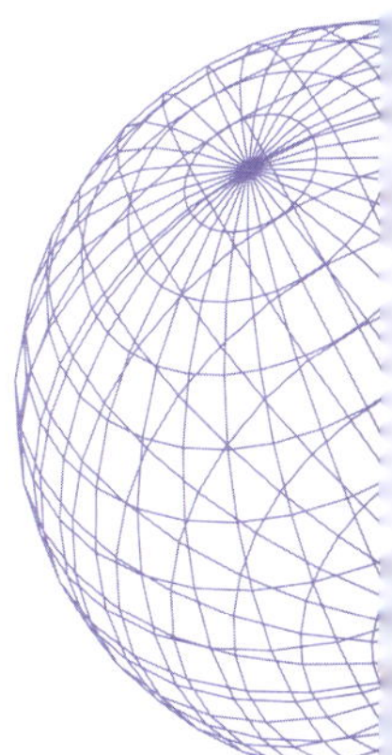

EN PRATIQUE

Prenez un moment pour vous installer confortablement dans un espace calme. Fermez les yeux et respirez profondément, en vous connectant à votre être intérieur. Visualisez-vous entouré·e d'une lumière protectrice et bienveillante.

Posez-vous maintenant la question pour chacune des réponses :
Est-ce qu'il y a une connexion avec des expériences passées ou des mémoires karmiques ?

N'oubliez pas d'être bienveillant·e envers vous-même tout au long de ce voyage. La prise de conscience est le premier pas vers la transformation.

Les différents types de perturbations karmiques

Ces termes sont souvent utilisés dans des contextes spirituels, ésotériques ou de développement personnel pour comprendre les influences des vies antérieures et du karma sur notre vie présente.

Faisons le point théorique avant d'aller identifier ce qui vous concerne !

LES QUESTIONS À POSER

Pourquoi ? x3
Quand ? Depuis quand ?
Où ?
Quelles conséquences cela a eu sur x ?
Pourquoi ? Dans quel objectif ?

Quoi/ perturbations	Définitions	Questions à poser
Nœud karmique	C'est le principe même d'une mémoire bloquante, un problème dont l'origine est karmique. Ce terme se retrouve également en astrologie. Il s'agit alors d'un point spécifique dans la carte du ciel de naissance qui indique une leçon karmique importante à apprendre ou à surmonter dans cette vie.	Avec qui (personne connue ou encore inconnue, monde animal ou infraterre, lieu, pays, origine extraterrestre, religion, croyance...) ? De quelle forme ? Quelles conséquences sur la personne ?
Objet karmique	Il fait référence à un objet ou à la présence énergétique d'un objet du passé lié à une expérience karmique et qui peut exercer une influence sur la vie présente.	À la suite d'une guerre, d'accidents, de meurtres ? Arme, assassinat, suicide[1] ? Alliance ? Objet divers ? À quel endroit dans le corps ? Quelles conséquences sur la personne ?
Implants karmiques	Ce sont des énergies ou des programmations qui peuvent être émotionnelles, mentales ou spirituelles, inscrites dans l'âme en raison d'expériences karmiques passées, par l'âme ou un tiers.	Par choix ou non ? Implant activé ou non ? Quelles conséquences sur la personne ?
Blessure karmique	C'est une blessure émotionnelle ou psychologique profonde qui a été causée dans une ou plusieurs vies antérieures et qui continue d'avoir un impact dans la vie actuelle.	Crimes, viols, tortures, maltraitances, escroquerie, trahison, infidélité... Voir liste des sujets de vie p. 84. Quelles conséquences sur la personne ?

1. Voir *Ces armes qui nous ont tués*, Sylvie Nach, Quintessence, 2013. Organisé en thèmes, cet ouvrage présente tour à tour des typologies d'objets qui correspondent chacune à un type de douleur physique.

Dette karmique	Il s'agit d'une dette envers une ou plusieurs personnes ou d'un déséquilibre créé par des actions passées ou subies dans une ou plusieurs vies antérieures, qui doivent être résolus ou équilibrés dans la vie présente.	De quel genre ? Dettes financières, de terre, amoureuses ? Loyauté envers qui ? Lien à un lieu ? Groupe ? Religion ? Quelles conséquences sur la personne ?
Mémoire karmique trop lourde pour cette incarnation	Cela fait référence à des souvenirs, émotions ou schémas qui peuvent peser lourdement sur l'âme et affecter la vie actuelle car cette vie présente n'est pas faite pour une si grande valise.	Exorcisme/sorcellerie Guerre/inquisition/révolution/génocide Trauma karmique (liée à la réincarnation) Lié à une civilisation perdue Mémoire galactique
Mémoire ou égrégore karmique collectif	Il s'agit de mémoires d'un groupe d'âmes liées par des expériences karmiques similaires ou des leçons communes liées à l'humanité dans sa totalité (événement historique majeur), créant ainsi un champ énergétique collectif.	Exodes et déracinement Guerres Génocide Shoah Esclavage Soumission des femmes 11 septembre 2001 Saint-Barthélemy Révolution Catastrophes Conséquences sur la personne ?
Lien karmique problématique ou toxique	C'est un lien ou une relation avec une personne basés sur des liens karmiques non résolus, ce qui peut entraîner des défis et des conflits récurrents. Par exemple : si une personne dans une vie précédente a joué un rôle de mère et dans cette vie de compagne…	Avec qui dans cette vie ? Famille/ami·e·s/professionnel ? Conséquences sur la personne ?
Contrat d'âme trop lourd	Il s'agit d'un prétendu programme de vie à réaliser, soit pour soi-même ou avec d'autres âmes avant leur incarnation, définissant les relations, les leçons et les expériences qu'elles auront ensemble dans une vie donnée.	Non résolu ? Rompu (suicide dans une dernière vie) Pas d'écoute de ses aspirations profondes ?

Pardon à réaliser	Cela fait référence à la nécessité de pardonner à une personne ou à une situation qui a causé une blessure ou un traumatisme dans une vie antérieure, afin de guérir et de se libérer des liens karmiques.	De quelle sorte ? Envers qui ? Une personne, un groupe, un peuple, une frange de la population ? Universel ? Collectif ? Conséquences sur la personne ?
Empreintes (fausses mémoires ou mémoires collectives)	Ce sont des souvenirs ou des expériences qui peuvent sembler réel, mais qui sont en réalité des empreintes énergétiques provenant de mémoires collectives ou de vies antérieures qui se sont mélangées.	Est-ce la première incarnation terrestre ? Est-ce positif de se reconnecter au lieu d'où on vient ? Si oui demander comment et quand. Conséquences sur la personne ?
Vœux/serments/contrats/pacte	Ce sont des engagements ou des accords pris dans des vies antérieures qui peuvent exercer une influence sur la vie actuelle et nécessiter un travail de libération ou de résolution.	Contrats caducs (envers qui, quoi... ?) Serments négatifs Liste des vœux : Pauvreté Chasteté Célibat Silence Pénitence Servitude Obéissance Soumission Fidélité Loyauté Vengeance Droiture Allégeance Fidélité (vassal) Initiatique Judiciaire Être un martyr Aimer à jamais Ne plus avoir d'enfants Ne plus pratiquer... À ordre religieux À l'état À groupe politique À l'armée À société secrète À forces obscures Conséquences sur la personne ?
Charge due au fait qu'on est dans la première ou dernière incarnation	Le fait que l'âme soit peu ou trop expérimentée, qu'elle a atteint un état d'éveil supérieur et n'a plus besoin de s'incarner à nouveau.	Problème ? Conséquence ?
Mémoire transkarmique	La personne a déjà été incarnée dans son arbre généalogique et revient dans cette vie régler autant son karma d'âme que son arbre généalogique.	
Autre perturbation karmique		

EN PRATIQUE

Prenez un moment pour vous installer confortablement dans un espace calme. Fermez les yeux et respirez profondément, en vous connectant à votre être intérieur. Visualisez-vous entouré·e d'une lumière protectrice et bienveillante.

Posez-vous maintenant la question pour chacune des réponses : *Est-ce que je suis concerné·e par ces perturbations karmiques ?*

Dressez une liste des perturbations et voyez ce que disent vos outils ou la validation corporelle.

Identifier vos mémoires karmiques

Les mémoires karmiques sont autant de souvenirs dissous ou non intégrés en tant qu'expériences pour l'âme. Je vous détaille maintenant comment les identifier à travers différents outils que j'ai développés pour vous !

Questionnaire d'autoréflexion

- Prenez le temps de répondre à ces questions en toute honnêteté. Cela vous aidera à explorer et à identifier les possibles vies antérieures qui pourraient avoir une influence sur votre vie actuelle.
- Avez-vous déjà ressenti une forte attraction ou un lien profond avec une époque historique ou une culture spécifique ? Si oui, laquelle et pourquoi pensez-vous être attiré·e par elle ?
- Avez-vous déjà ressenti des émotions intenses ou des réactions fortes en visitant un lieu historique ou en voyant une image spécifique liée à une époque passée ?

- Y a-t-il des compétences, des talents ou des intérêts (collection, musique…) que vous possédez naturellement et pour lesquels vous ne trouvez pas d'explication dans votre vie actuelle ?
- Avez-vous des peurs ou des phobies qui semblent irrationnelles dans le contexte de votre vie actuelle ?
- Identifiez les endroits du monde où vous vous sentez inexplicablement « chez vous » ou connecté·e d'une manière particulière. Quelle est votre relation avec ces lieux ?
- Examinez vos rêves récurrents ou vos souvenirs vifs de situations qui semblent appartenir à une autre époque. Y a-t-il des éléments spécifiques qui pourraient être liés à des vies antérieures ?
- Avez-vous déjà rencontré des personnes dans votre vie actuelle avec lesquelles vous ressentez une connexion instantanée et profonde, comme si vous les connaissiez depuis toujours ?

EN PRATIQUE

Gardez un journal de vos impressions, de vos rêves, de vos lapsus, passions soudaines et de vos synchronicités, la récurrence pourrait indiquer des mémoires liées à vos vies antérieures.

Notez vos observations et faites des recherches pour valider ou approfondir vos intuitions.

Soyez ouvert·e à toutes les impressions, intuitions et souvenirs qui peuvent émerger, tout en gardant à l'esprit que l'interprétation des expériences liées aux vies antérieures est subjective et personnelle.

Enquêter sur une vie en particulier

Plutôt que d'enquêter sur toutes les mémoires karmiques que vous portez encore, issues de toutes les expériences d'incarnation de votre âme, vous pouvez explorer une vie en particulier, afin de savoir ce qui reste de cette vie-là dans votre présent. Vous pourrez, grâce aux outils ci-dessous, focaliser par exemple sur la dernière vie (souvent la plus marquante car la plus récente) ou bien sur la vie la plus traumatisante. Cela permet de faire un travail plus précis.

Le questionnaire karmique pour identifier une vie importante est conçu pour vous aider à explorer et à comprendre les aspects clés de vos vies antérieures qui exercent une influence significative sur votre vie actuelle. En répondant aux questions, vous serez guidé·e à travers différents domaines de votre être, et vous pourrez découvrir des indices sur une vie antérieure spécifique qui a un impact profond sur votre chemin actuel.

Étape 1 : Préparation

- Trouvez un endroit calme et tranquille où vous pourrez vous concentrer sans distractions.
- Prenez quelques instants pour vous détendre et vous centrer en pratiquant quelques respirations profondes.
- Assurez-vous d'avoir suffisamment de temps devant vous pour compléter le questionnaire sans être pressé·e.

Étape 2 : Lecture des questions

- Lisez chaque question attentivement et prenez le temps de bien comprendre son sens.
- Imaginez-vous dans une vie précise... Tirez un fil imaginaire en ressentant ce qui semble le plus juste selon votre intention ! Puis répondez « comme si » vous étiez cette personne-là... Vous pouvez également utiliser un pendule ou des baguettes pour choisir la réponse la plus adéquate selon l'intention choisie.

- Choisissez la réponse qui résonne le plus avec vous. Faites confiance à votre instinct et ne vous attardez pas trop longtemps sur chaque question.
- Si des souvenirs, des images ou des émotions remontent à la surface, observez-les et notez-les mentalement.

Étape 3 : Les résultats

- Une fois que vous avez répondu à toutes les questions, comptez le nombre de réponses correspondant à chaque proposition (a, b, c, d, e).
- Identifiez la lettre qui a obtenu le plus de réponses et référez-vous au profil type de vie antérieure associé à cette lettre.

Étape 4 : Analyse et interprétation

- Lisez la description du profil type de vie antérieure correspondant à la lettre qui a obtenu le plus de réponses.
- Analysez comment ces caractéristiques se reflètent dans votre vie actuelle. Observez les parallèles, les défis ou les leçons que vous pouvez tirer de cette vie antérieure.
- Notez toutes les informations qui vous semblent importantes ou significatives pour votre propre cheminement.

Étape 5 : Intégration et exploration supplémentaire

- Si vous souhaitez approfondir davantage votre exploration des vies antérieures, utilisez ces informations comme point de départ pour des méditations, des séances de régression ou d'autres pratiques spirituelles.
- Utilisez ce questionnaire régulièrement pour explorer différentes facettes de votre être et approfondir votre compréhension de vous-même.

IMPORTANT

Souvenez-vous que ce questionnaire ne prétend pas fournir des réponses définitives, mais plutôt vous guider vers une plus grande prise de conscience et une croissance personnelle. Que cette exploration des vies antérieures vous apporte sagesse, guérison et épanouissement sur votre chemin spirituel.

Le questionnaire karmique : qui étiez-vous dans cette vie antérieure particulière ?

EN PRATIQUE

Imaginez-vous dans une vie précise...

Posez l'intention de connaître une vie antérieure particulière, qui explique un blocage précis ou non.

Détendez-vous un maximum... Sans enjeu, sans pression, sans ornières... Sans jugement, sans tabou, sans limites...

Puis tirez un fil imaginaire en ressentant ce qui semble le plus « juste » selon votre intention !

Répondez « comme si » vous étiez cette personne-là maintenant, dans cette vie-là...

Écoutez vos réponses corporelles ou émotionnelles.

Vous pouvez également utiliser un pendule ou des baguettes pour choisir la réponse la plus adéquate selon l'intention choisie.

QUESTIONS À CETTE VIE-LÀ

1. Dans quel climat vivez-vous dans ces images qui vous viennent ?

a) Chaud et ensoleillé.

b) Froid et neigeux.

c) Tempéré et doux.

d) Humide et pluvieux.

e) Variable et changeant.

2. Dans quel type de paysage vous retrouvez-vous ?

a) Plage et océan.

b) Montagne et sommets.

c) Forêt et nature sauvage.

d) Ville et architecture historique.

e) Campagne et vastes étendues.

3. Quelles activités vous passionnent le plus dans cette vie-là ?

a) L'art et la créativité.

b) Les aventures et les défis physiques.

c) La méditation et la spiritualité.

d) L'apprentissage et la connaissance.

e) Les relations et l'aide aux autres.

4. Quelle est votre relation avec les animaux ?

a) J'adore les animaux et je me sens connecté·e[1] à eux.

b) Je suis fasciné·e par les animaux sauvages et leur puissance.

c) Les animaux ont un impact spirituel sur moi.

d) J'apprécie l'observation et l'étude des animaux.

e) J'aime les animaux domestiques et leur compagnie.

1. Plus de cadrans sur https://www.planche-pendule.com/ ou https://www.subtil.net/

5. Quelle est votre attitude envers le pouvoir et l'autorité dans cette vie-là ?

a) Je préfère suivre mon propre chemin sans être contrôlé·e.

b) J'aime prendre les commandes et diriger les autres.

c) Je cherche l'harmonie et l'équilibre dans les relations de pouvoir.

d) J'ai soif de connaissances et de pouvoir intellectuel.

e) Je préfère soutenir les autres dans leur quête de pouvoir.

6. Quelle est votre vision du monde et de la société dans cette vie-là ?

a) Je crois en l'expression libre et créative de chacun·e.

b) Je crois en la force de l'action et de la volonté.

c) Je crois en la recherche de l'illumination et de la sagesse.

d) Je crois en l'importance de l'éducation et de la connaissance.

e) Je crois en l'importance de l'amour et de l'unité.

7. Quelle est spontanément votre relation avec les émotions et les sentiments dans cette vie-là ?

a) Je suis très sensible et réceptif·ve aux émotions des autres.

b) Je préfère garder mes émotions sous contrôle.

c) Je suis attiré·e par la méditation et la maîtrise émotionnelle.

d) J'aime explorer et comprendre mes propres émotions.

e) J'apprécie les connexions émotionnelles profondes avec les autres.

8. Quelle est votre approche face aux défis et aux difficultés dans cette vie-là ?

a) Je trouve des solutions créatives et alternatives.

b) Je suis prêt·e à relever n'importe quel défi physique.

c) Je me tourne vers la spiritualité et la méditation pour trouver des réponses.

d) Je cherche des réponses dans la connaissance et la réflexion.

e) J'obtiens un soutien et un réconfort auprès des autres.

9. Comment préférez-vous passer votre temps libre dans cette vie-là ?

a) En créant et en exprimant ma créativité.

b) En pratiquant des activités physiques et aventureuses.

c) En méditant et en cultivant ma spiritualité.

d) En lisant, en apprenant et en acquérant de nouvelles connaissances.

e) En passant du temps avec mes proches et mes ami·e·s.

10. Quelle est votre attitude envers l'amour et les relations amoureuses dans cette vie-là ?

a) Je suis passionné·e et j'ai des relations intenses.

b) Je suis indépendant·e et j'aime garder ma liberté.

c) Je cherche une connexion spirituelle profonde avec mon·ma partenaire.

d) Je cherche un·e partenaire intellectuel·le et stimulant·e.

e) Je recherche une relation stable et harmonieuse.

11. Quel est votre rapport à la spiritualité dans cette vie-là ?

a) Je suis attiré·e par les enseignements ésotériques et mystiques.

b) Je trouve ma spiritualité dans l'action et le service aux autres.

c) Je suis en quête de l'illumination et de la connexion avec le divin.

d) Je trouve ma spiritualité dans la connaissance et la compréhension du monde.

e) Je trouve ma spiritualité dans les relations humaines et l'amour inconditionnel.

12. Quel est votre rapport à la créativité et à l'expression artistique dans cette vie-là ?

a) Je suis passionné·e par la création artistique et j'aime m'exprimer librement.

b) J'apprécie l'expression créative à travers des activités physiques ou des performances.

c) Je trouve une expression spirituelle à travers l'art et la création.

d) J'apprécie les œuvres artistiques et leur analyse.

e) J'apprécie la créativité dans les relations et les interactions avec les autres.

13. Quels sont vos rapports à l'argent et à l'abondance dans cette vie-là ?

a) Je crois en l'abondance et je sais comment attirer la prospérité.

b) Je suis prêt·e à travailler dur pour atteindre mes objectifs financiers.

c) Je trouve ma richesse spirituelle et intérieure.

d) J'apprécie l'apprentissage et l'acquisition de compétences pour atteindre la prospérité.

e) Je trouve ma richesse dans les relations et les connexions humaines.

14. Quels sont vos rapports au pouvoir et à l'autorité dans cette vie-là ?

a) Je suis attiré·e par les positions de pouvoir et j'ai un fort sens du leadership.

b) Je préfère avoir ma propre indépendance et éviter les structures de pouvoir.

c) Je suis conscient·e de la nature énergétique du pouvoir et je le manipule avec sagesse.

d) J'apprécie les connaissances et les compétences nécessaires pour exercer le pouvoir.

e) Je trouve ma force et mon pouvoir dans les relations harmonieuses avec les autres.

15. Comment réagissez-vous aux situations de guérison et de transformation personnelle dans cette vie-là ?

a) Je suis attiré·e par les pratiques de guérison alternatives et holistiques.

b) Je suis prêt·e à faire face à mes peurs et à me transformer profondément.

c) Je suis conscient·e des aspects énergétiques de la guérison et de la transformation.

d) J'apprécie l'apprentissage et l'acquisition de connaissances pour ma propre guérison.

e) Je trouve ma guérison et ma transformation à travers les relations et les interactions avec les autres.

16. Quelle est votre attitude face à l'ordre et à la discipline dans cette vie-là ?

a) J'aime avoir une certaine structure et un sens de l'organisation dans ma vie.

b) Je préfère être libre de suivre mes propres règles et de vivre sans contrainte.

c) J'ai une approche spirituelle de l'ordre et de la discipline.

d) J'apprécie l'apprentissage et l'acquisition de compétences disciplinaires.

e) Je trouve l'ordre et la discipline dans les relations et les interactions harmonieuses avec les autres.

17. Quelle est votre attitude envers la justice et l'équité sociale ?

a) Je suis passionné·e par la justice sociale et je m'engage activement pour l'équité.

b) Je suis prêt·e à me battre pour les droits des autres et pour une société équitable.

c) J'ai une approche spirituelle de la justice et je crois en l'équilibre karmique.

d) J'apprécie l'apprentissage et la compréhension des systèmes de justice et d'équité.

e) Je trouve la justice et l'équité dans les relations et les interactions harmonieuses avec les autres.

Résultats (les 5 profils)

Comptez le nombre de réponses pour chaque lettre (a, b, c, d, e) et référez-vous au profil type de vie antérieure correspondant à la lettre qui a obtenu le plus de réponses.

Profil type de vie antérieure correspondant à la lettre A

Dans votre vie antérieure, vous étiez une personne influente et puissante. Vous étiez attiré·e par les positions de pouvoir et vous aviez un fort sens du leadership. Vous étiez souvent au centre de l'action, prenant des décisions importantes et guidant les autres. Votre détermination et votre ambition vous ont permis d'accomplir de grandes choses. Vous étiez respecté·e pour vos compétences et votre capacité à diriger. Votre vie antérieure était marquée par des responsabilités importantes et une influence significative sur les autres.

Voici quelques conséquences possibles dans cette vie présente :

- **Forte volonté de réussir** : si vous étiez une personne influente et puissante dans votre vie antérieure, cela peut avoir un impact sur votre détermination et votre ambition dans cette vie-ci. Vous pouvez être motivé·e à prendre des décisions importantes et à exercer une influence significative sur les autres.
- **Besoin de reconnaissance et de respect** : si vous étiez respecté·e pour vos compétences et votre capacité à diriger dans votre vie antérieure, vous pourriez rechercher une reconnaissance et un respect similaires dans cette vie-ci. Vous pouvez avoir besoin de prouver votre valeur et vos compétences aux autres, ainsi que de chercher des opportunités qui vous permettent d'exercer votre influence et d'être reconnu·e pour vos réalisations.
- **Défis liés au pouvoir et à l'équilibre** : vous pourriez être confronté·e à des dilemmes éthiques liés à l'exercice du pouvoir et à l'équilibre entre vos propres intérêts et ceux des autres. Il est important d'être conscient·e de l'impact de vos actions sur les autres et de développer une approche équilibrée et éthique dans l'exercice de votre influence.

IMPORTANT

Il est crucial de rappeler que les conséquences de nos vies antérieures ne déterminent pas entièrement notre destinée dans cette vie-ci. Les choix et les actions que nous faisons dans le présent ont un impact beaucoup plus significatif sur notre parcours et notre développement spirituel. Les conséquences évoquées ci-dessus sont des possibilités générales et peuvent varier d'une personne à l'autre. Chacun·e a le pouvoir de façonner sa propre vie et de décider quelles valeurs et quelles actions guident son chemin.

PROFIL TYPE DE VIE ANTÉRIEURE CORRESPONDANT À LA LETTRE B

Dans votre vie antérieure, vous étiez une personne indépendante et libre. Vous préfériez suivre vos propres règles et éviter les structures de pouvoir. Vous cherchiez la liberté et l'autonomie dans tous les aspects de votre vie. Vous étiez souvent perçu·e comme un esprit libre et non conformiste. Vous recherchiez des expériences uniques et hors du commun. Votre vie antérieure était marquée par une exploration personnelle et une quête de vérité indépendante.

Voici quelques conséquences possibles dans cette vie présente :

- Esprit libre et non conformiste : vous pourriez éprouver une forte aversion pour les structures de pouvoir et les normes sociales restrictives. Vous pouvez être attiré·e par des modes de vie alternatifs et chercher des opportunités pour exprimer votre individualité. Vous pouvez rechercher des expériences uniques et hors du commun qui vous permettent de sortir des sentiers battus.
- Recherche de liberté et d'autonomie : votre vie antérieure marquée par la quête de liberté peut se traduire par un fort désir de liberté et d'autonomie dans cette vie-ci. Vous pouvez chercher à créer un mode de vie qui vous permette de vivre selon vos propres valeurs et de vous affranchir des contraintes externes.
- Aversion pour les structures de pouvoir : en raison de votre aversion pour les structures de pouvoir dans votre vie antérieure, vous pourriez avoir une méfiance envers l'autorité et les hiérarchies sociales dans cette vie-ci. Vous pourriez être attiré·e par des mouvements ou des idéologies qui remettent en question l'autorité établie et promeuvent l'égalité et la justice sociale, la liberté et les droits individuels.
- Quête de vérité et d'exploration personnelle : vous pouvez être attiré·e par des domaines tels que la philosophie, la spiritualité, la recherche de soi et la quête de la vérité intérieure. Vous pouvez rechercher des expériences qui vous permettent de vous épanouir personnellement et de découvrir votre propre chemin de vérité.

Profil type de vie antérieure correspondant à la lettre C

Dans votre vie antérieure, vous aviez une approche spirituelle de la vie. Vous étiez conscient·e des aspects énergétiques du pouvoir, de la guérison et de la justice. Vous aviez une compréhension profonde des lois universelles et vous utilisiez cette connaissance pour influencer votre vie et celle des autres de manière positive. Vous étiez souvent considéré·e comme un·e guide spirituel·le ou un·e enseignant·e spirituel·le. Votre vie antérieure était marquée par une connexion profonde avec la dimension spirituelle et une compréhension des mystères de l'Univers.

Voici quelques conséquences possibles dans cette vie présente :

- **Esprit libre et non conformiste** : vous pourriez avoir une tendance naturelle à remettre en question les normes sociales, les conventions et les attentes. Vous pourriez être attiré·e par des modes de vie alternatifs et chercher des opportunités pour exprimer votre individualité.
- **Recherche de la liberté et de l'autonomie** : votre vie antérieure marquée par la recherche de la liberté peut se traduire par un fort désir de liberté et d'autonomie dans cette vie-ci. Vous pourriez aspirer à vivre une vie authentique et vous sentir à l'aise lorsque vous avez le contrôle sur vos choix et votre destin.
- **Quête de vérité et d'expériences uniques** : vous pourriez avoir soif de connaissances et une curiosité intellectuelle pour explorer différents domaines de la vie. Vous pourriez être attiré·e par des expériences hors du commun, des voyages, des études ésotériques ou des pratiques spirituelles alternatives.
- **Défis liés à la conformité sociale** : vous pourriez vous sentir limité·e ou étouffé·e par les structures de pouvoir et les attentes sociales. Il est important de trouver un équilibre entre votre besoin de liberté et d'autonomie et les exigences du monde extérieur, tout en restant fidèle à votre authenticité.

PROFIL TYPE DE VIE ANTÉRIEURE CORRESPONDANT À LA LETTRE D

Dans votre vie antérieure, vous étiez une personne axée sur l'apprentissage et l'acquisition de connaissances. Vous étiez attiré·e par l'étude et la compréhension des différents domaines de la vie. Vous éprouviez un fort désir d'acquérir des compétences et des talents dans divers domaines. Vous étiez souvent perçu·e comme un·e chercheur·se de vérité, un·e érudit·e ou un·e expert·e dans un domaine spécifique. Votre vie antérieure était marquée par une quête de savoir et une volonté constante d'apprendre et de grandir.

Voici quelques conséquences possibles dans cette vie présente :

- Soif de connaissances et de croissance personnelle : vous pourriez être attiré·e par l'étude, la recherche et l'exploration des différents domaines de la vie.
- Ouverture d'esprit et curiosité intellectuelle : votre vie antérieure marquée par une quête de savoir peut se traduire par une remise en question de vos propres croyances et la recherche constante de la meilleure manière d'élargir vos horizons mentaux.
- Expertise et autorité dans un domaine spécifique : vous pourriez être motivé·e à devenir un·e professionnel·le accompli·e dans votre domaine d'intérêt et à partager votre savoir avec les autres. Votre connaissance approfondie dans un domaine spécifique peut vous permettre d'influencer et d'aider les autres d'une manière significative.
- Défi de trouver l'équilibre entre l'apprentissage et l'action : il est important de mettre en pratique ce que vous apprenez et de trouver des moyens de mettre vos connaissances au service des autres et de vous-même.

PROFIL TYPE DE VIE ANTÉRIEURE CORRESPONDANT À LA LETTRE E

Dans votre vie antérieure, vous trouviez votre force et votre pouvoir dans les relations harmonieuses avec les autres. Vous étiez attiré·e par les interactions sociales et vous cherchiez à créer des liens significatifs avec les personnes qui vous entouraient. Vous aviez un talent naturel pour comprendre les émotions et les besoins des autres, ce qui vous permettait de cultiver des relations harmonieuses et épanouissantes. Votre vie antérieure était marquée par un sens profond de la compassion et de l'amour, et vous étiez souvent perçu·e comme un·e guérisseur·se ou un·e conseiller·ère bienveillant·e.

Voici quelques conséquences possibles dans cette vie présente :

- **Aptitude aux relations interpersonnelles** : vous pouvez avoir une aptitude naturelle aux relations interpersonnelles dans cette vie-ci. Vous pouvez être doué·e pour comprendre les émotions et les besoins des autres, ce qui vous permet de cultiver des liens significatifs et épanouissants avec les personnes qui vous entourent. Vous pouvez avoir un talent pour la communication empathique et la résolution de conflits.
- **Capacité à apporter guérison et soutien** : vous pouvez être attiré·e par des professions ou des rôles qui vous permettent de contribuer au bien-être et au bonheur des autres.
- **Sensibilité émotionnelle accrue** : il est important de trouver un équilibre entre votre engagement envers les autres et votre bien-être émotionnel personnel.
- **Défis liés à la prise de distance émotionnelle** : en raison de votre connexion profonde avec les émotions des autres, vous pourriez rencontrer des défis dans la prise de distance émotionnelle lorsque cela est nécessaire. Il est important de développer des mécanismes d'autoprotection et de pratiquer l'autogestion émotionnelle pour éviter de vous épuiser émotionnellement.

Protocole de rêve éveillé pour visiter une vie antérieure

Le rêve éveillé est une technique de régression karmique qui vise à explorer les vies antérieures en étant pleinement conscient·e et éveillé·e. Contrairement aux rêves nocturnes, où nous sommes souvent passif·ve·s et inconscient·e·s, le rêve éveillé nous permet de guider consciemment notre expérience et de nous immerger dans des scènes et des souvenirs de nos vies passées.

Étape 1 : Préparation

Trouvez un endroit calme et confortable où vous ne serez pas dérangé·e.
Asseyez-vous ou allongez-vous dans une position détendue.
Fermez les yeux et prenez quelques instants pour vous détendre en respirant profondément.

Étape 2 : Intention

Formulez clairement votre intention de visiter une vie antérieure spécifique.
Visualisez cette intention comme une demande que vous adressez à votre esprit supérieur ou à votre âme.
Ressentez cette intention avec conviction et confiance, en vous ouvrant à l'expérience.

Étape 3 : Activation de l'imagination

Laissez votre imagination s'activer en créant un espace intérieur propice à l'exploration.
Visualisez un paysage paisible ou un endroit qui vous inspire la sécurité et la tranquillité.
Imaginez-vous en train de vous promener dans cet environnement, en observant les détails qui l'entourent.

Étape 4 : Invitation

Imaginez-vous debout devant une porte symbolique qui représente l'accès à vos vies antérieures.
Ouvrez cette porte avec l'intention d'explorer une vie antérieure importante pour vous.
Visualisez-vous en train d'entrer dans cette porte, prêt·e à découvrir et à revivre cette expérience.

Étape 5 : Exploration

Laissez votre imagination vous guider à travers des scènes, des moments clés et des événements de cette vie antérieure.
Observez les détails, les lieux, les personnes et les émotions que vous rencontrez.
Soyez attentif·ve aux indices et aux informations qui se présentent à vous, et notez-les mentalement.

Étape 6 : Ressentis

Prenez conscience des émotions, des sensations et des intuitions qui émergent pendant cette exploration.
Notez les ressentis physiques, les sentiments profonds et les informations qui se manifestent.
Faites confiance à votre intuition pour interpréter ces informations et pour comprendre les leçons ou les messages qu'elles peuvent contenir.

Étape 7 : Clôture

Lorsque vous sentez que votre exploration est terminée, remerciez l'Univers, votre esprit supérieur ou votre âme pour cette expérience.
Visualisez-vous sortant de la porte symbolique et revenant dans l'espace paisible où vous avez commencé.
Prenez quelques instants pour intégrer les informations et les enseignements de cette expérience.

Étape 8 : Journalisation

Après votre séance, prenez le temps d'écrire tout ce que vous avez vécu et ressenti.
Notez les détails, les émotions, les personnes, les lieux et les informations importantes.
Utilisez votre journal comme un outil pour réfléchir et intégrer les enseignements de votre exploration karmique.

Protocole d'enquête sur vos vies antérieures

Si vous êtes intéressé·e pour enquêter vous-même sur vos vies antérieures, voici un guide pratique pour utiliser des outils tels que le pendule, les baguettes de sourcier ou une enquête médiumnique. Vous pouvez combiner ces méthodes avec des listes détaillées d'événements, de secrets, d'archétypes, d'émotions, etc. pour faciliter votre exploration.

Préparation

- Créez un espace calme et tranquille où vous pouvez vous concentrer sans être dérangé·e.
- Établissez une intention claire et positive pour votre enquête, en vous ouvrant à la découverte de vos vies antérieures.
- Choisissez l'outil qui vous semble le plus adapté : le pendule, les baguettes de sourcier ou une enquête médiumnique.

En fonction de vos outils de prédilection

UTILISATION DU PENDULE

- Tenez le pendule entre votre pouce et votre index, en veillant à ce qu'il soit bien équilibré et libre de tout obstacle.
- Commencez par établir une base de référence en posant des questions dont vous connaissez déjà les réponses.
  - *Est-ce que je m'appelle [votre nom] ?*
  - *Est-ce que je suis né·e en [année de naissance] ?*
- Notez le mouvement du pendule (rotation, va-et-vient, etc.) pour chaque réponse.
- Une fois la base de référence établie, posez des questions sur vos vies antérieures en utilisant des listes détaillées d'événements, de secrets, d'archétypes, d'émotions, etc. Vous pouvez demander des indications sur les époques, les lieux, les relations, les talents, etc. (voir cadrans p. 82-83).
- Soyez attentif·ve aux mouvements du pendule, qui peuvent varier en fonction des réponses. Par exemple, un mouvement circulaire peut indiquer une réponse positive ou confirmative, tandis qu'un mouvement de va-et-vient peut indiquer une réponse négative ou contradictoire. **Vous pouvez aussi avoir la convention inverse !**
- Posez des questions ouvertes en utilisant des listes ou des cadrans (voir p. 81) pour permettre une exploration plus approfondie, et évitez les questions trop restrictives ou suggestives.

UTILISATION DES BAGUETTES COUDÉES OU BAGUETTES DE SOURCIER

- Tenez les baguettes de sourcier de manière qu'elles soient sensibles à vos mouvements et à vos intentions.
- Marchez lentement dans une zone ouverte, en gardant les baguettes parallèles devant vous. Observez si les baguettes se croisent ou se séparent lorsque vous passez sur des points spécifiques du sol.

- Utilisez des listes détaillées d'événements, de secrets, d'archétypes, d'émotions, etc. pour orienter votre recherche. Par exemple, concentrez-vous sur une époque spécifique ou un lieu particulier et observez les mouvements des baguettes lorsque vous marchez dans ces zones.
- Pratiquez régulièrement pour affiner votre sensibilité et votre connexion avec les baguettes. Soyez patient·e et ouvert·e à l'exploration.

ENQUÊTE MÉDIUMNIQUE AVEC VALIDATION CORPORELLE

- Préparez une liste de questions ou de sujets que vous souhaitez explorer dans vos vies antérieures. Soyez ouvert·e à recevoir des informations inattendues ou surprenantes.
- Lors de la séance, détendez-vous et laissez le médium qui est en vous guider la communication avec les énergies et les informations des vies antérieures.
- Prenez des notes pendant la séance pour enregistrer si besoin les détails importants et les impressions qui vous viennent. Prenez le temps de les analyser par la suite pour approfondir votre compréhension.

L'anamnèse karmique

L'anamnèse est l'entretien que mène le·la thérapeute pour mieux vous connaître.
Voici une liste de questions possibles à poser pour en savoir davantage sur la vie sur laquelle vous enquêtez :

- Êtes-vous un homme ou une femme ?
- Êtes-vous grand·e ou petit·e ?
- Êtes-vous jeune ou âgé·e ?
- Comment vous êtes-vous habillé·e ?
- Dans quel pays ou région vivez-vous ?
- Pouvez-vous décrire votre maison ou votre lieu de vie ?

- Quel est votre métier ou occupation ?
- Comment est composée votre famille ?
- Avez-vous des souvenirs de votre enfance ?
- Quels sont vos passe-temps ou activités préférés ?
- Comment sont vos relations avec les autres membres de votre communauté ?
- Y a-t-il des événements marquants dans votre vie, comme des voyages, des succès ou des épreuves ?
- Quelles langues parlez-vous ?
- Quel est votre régime alimentaire typique ?
- Avez-vous des souvenirs de célébrations ou de rituels spéciaux ?
- Comment est votre quotidien, du matin au soir ?
- Avez-vous des amis proches ou des relations spéciales ?
- Y a-t-il des lieux que vous fréquentez régulièrement ?
- Quels sont vos sentiments dominants dans cette vie, comme la joie, la peur, la tristesse, etc. ?
- Avez-vous des aspirations ou des rêves pour l'avenir ?
- Y a-t-il des objets ou des possessions particulièrement importants pour vous ?
- Quel est votre état de santé général ?
- Y avait-il des défis ou des obstacles que vous avez dû surmonter dans votre vie antérieure ?
- Quelles sont vos croyances religieuses ou spirituelles ?
- Avez-vous des souvenirs de votre mariage ou de votre vie amoureuse ?
- Comment est votre environnement naturel ? Avez-vous des interactions avec la nature ?
- Quels sont vos talents ou compétences particuliers ?
- Y a-t-il des événements historiques ou politiques significatifs pendant votre vie antérieure ?
- Comment est votre situation financière ou économique ?
- Avez-vous des responsabilités ou des obligations spéciales ?
- Quels sont vos loisirs ou divertissements favoris ?
- Comment avez-vous vécu les phases de transition telles que la naissance, le mariage, la mort, etc. ?
- Vous souvenez-vous de votre mort ?

Listes et cadrans

Les cadrans thématiques, également connus sous le nom de planches de radiesthésie, de cadrans de recherche ou de cadrans de réponse, sont des outils utilisés avec un pendule pour faciliter l'enquête et l'exploration karmique des vies antérieures. Ils permettent de poser des questions ciblées sur différents aspects des vies passées.

Vous en trouverez ci-dessous, sous forme de cadrans simples ou de listes quand les sujets sont plus complexes.

Lorsque vous utilisez un pendule avec un cadran ou une liste thématique, vous pouvez poser une question spécifique liée à une vie antérieure en plaçant le pendule au-dessus. Le pendule oscillera ou se déplacera d'une manière spécifique pour indiquer une réponse (un peu de pratique s'impose). Cette réponse peut être interprétée comme une indication ou une suggestion concernant une vie antérieure particulière.

Les cadrans thématiques sont utiles dans le cadre de l'enquête karmique sur les vies antérieures car ils permettent de focaliser l'exploration sur des aspects spécifiques. Ils offrent une structure et un cadre de référence pour poser des questions précises et obtenir des réponses claires. Ils aident à orienter la recherche en fournissant une direction et en évitant d'obtenir des informations dispersées ou confuses.

Ces outils offrent une méthode organisée pour recueillir des informations et élargir notre connaissance de nous-même à travers nos vies passées.

Il est essentiel de maintenir une intention claire, d'être attentif·ve à ses propres ressentis et de faire preuve de discernement dans l'interprétation des réponses obtenues !

Dates et lieux

Utile pour déterminer où vous avez déjà vécu !

Commencez par le continent : Afrique, Amérique du Nord, Amérique du Sud, Antarctique, Asie, Europe, Océanie.

Cherchez ensuite le pays, puis éventuellement la région.

Attention : certains pays ont changé de nom au cours des siècles. Et parfois, vous trouverez d'autres continents « mythiques » comme Atlantide, Mu ou Lémurie.

Prenez vos outils, pendule, baguettes coudées ou validation corporelle, et enquêtez !

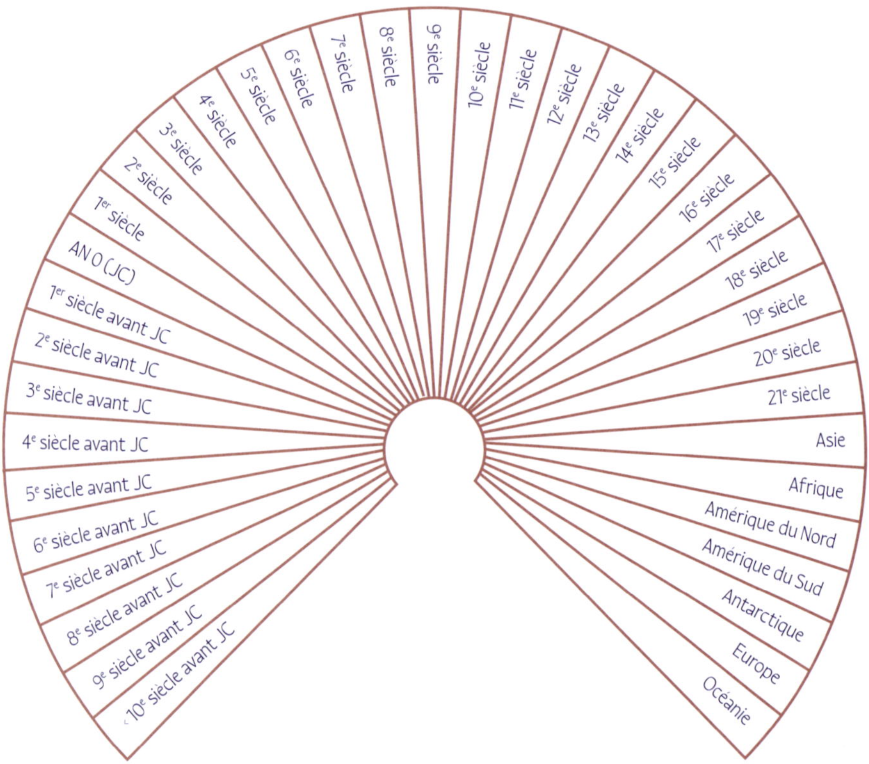

Liens

Utile pour déterminer avec qui vous avez rencontré un problème ou qui la personne que vous connaissez aujourd'hui était dans une autre vie !

Prenez vos outils, pendule, baguettes coudées ou validation corporelle, et enquêtez !

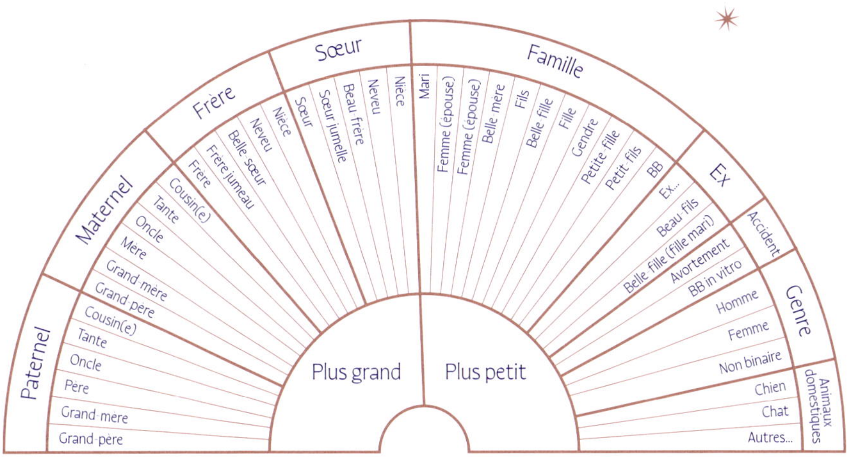

NB. Ce cadran comporte plusieurs niveaux. Focalisez-vous sur un seul niveau à la fois, selon votre question de départ.

Liste des événements de vie

Qu'est-ce qui a marqué cette vie-là ? Quels événements ont créé des mémoires karmiques ou tout simplement jalonné cette vie-là ?

Voici une liste utile pour déterminer ce que vous avez déjà vécu !

Attention : plusieurs événements peuvent se cumuler, c'est le cas très souvent !

Prenez vos outils, pendule, baguettes coudées ou validation corporelle, et enquêtez !

- Abandon ;
- Accident (coupable/victime/mort ?) ;
- Adultère (double vie, réel ou amours contrariées, voire impossibles, enfant illégitime, caché, trahison...) ;
- Amitié (toxique...) ;
- Addictions (alcoolisme, drogue, médicaments, morphine... trafic ou consommation)/intoxication ;
- Argent (jeux d'argent, vol, faillite, caché, héritage, dilapidation, ruine, endettement, vol, exploitation, opportunisme, vampirisme, déshéritage, mariage d'intérêt, transfuge/syndrome de classe) ;
- Culture : problème de communication, parole coupée, écriture coupée, analphabétisme...
- Discriminations : misogynie, racisme, homophobie, haine de classe ;
- Disparition (ou mort) inexpliquée ;
- Deuils inachevés, impossibles, tus, cachés...
- Enfant : mort-né, avortement (volontaire ou non), fausse couche, jumeaux, jumeau perdu... abusé, abandonné, caché, oublié, malnutri, empoisonné, orphelin, non inhumé, mort en bas âge, en couches dans le ventre, infanticide ;
- Esclavage, colonisation, racisme...
- Événement traumatique : prise d'otage...
- Filiation : problème de légalité, prénoms, doute, non-révélation de l'identité d'un parent... reniement de la filiation, changement de nom...

- Guerre (Première Guerre mondiale, Deuxième Guerre mondiale, Algérie, Viêtnam…) ;
- Justice (prison, tribunal, escroquerie…) ;
- Maison (terrain, territoire, héritage…) ;
- Migration (exil, exode, origines étrangères cachées, niées, problème de « race » ou racisme…) ;
- Maladie (ou problèmes de rapport au corps) ou erreur médicale, handicap physique, psychiatrique refoulé, dépression ;
- Maladie mentale : folie, autisme, retard mental, internement, pervers manipulateur…
- Mère folle, indigne, dangereuse, contagieuse (contact physique interdit) ;
- Père fou, indigne, dangereux, contagieux (contact physique interdit) ;
- Mariage (forcé, arrangé, défaut ou remariage, interdit, impossible, consanguin…) ;
- Meurtre (guerre, accident, volontaire ou non, féminicide, fratricide, infanticide) ;
- Mort : suicide, mort violente, homicide, crime passionnel, mort brutale par accident, noyade, incendie, brûlure, sale guerre, résistance, torture, décapitation, pendaison, barbarie, génocide ;
- Pédophilie, viol, attouchements (réels ou vécus comme tels), inceste (quel niveau : physique, sexuel, émotionnel, intellectuel…) ;
- Politique et idéologie : fascisme, terrorisme, mafia, dictature, extrémisme idéologique (religieux, collabo, méthode tortionnaire, vengeance, djihadisme…), sous emprise, fanatisme, abus de confiance, abus/système hiérarchique, gouroutisme…
- Prostitution, proxénétisme…
- Sexualité, honte, « déviance », homosexuel refoulé, luxure…
- Trahisons (sociales, familiales…) : désertion, faussaire, corruption, espionnage…
- Violences diverses (psy, physique, sociale…) ;
- Violence conjugale ou maltraitance des enfants, éducation « à la dure » ;
- Religion (curé, judaïsme, conversion…) ;
- Sexualité : castration, œdipe, hypersexualité ;
- Sorcière, médium, travail occulte, magie noire…

Cause du décès

La mort dans cette vie-là a-t-elle créé des mémoires karmiques spécifiques (phobie, passion...) ? Ou une mort en particulier vous a-t-elle empêché·e de vous libérer de mémoires karmiques car trop soudaine, trop jeune ou trop dramatique ?

Voici une liste utile pour déterminer si une manière de mourir vous a marqué·e particulièrement !

Prenez vos outils, pendule, baguettes coudées ou validation corporelle, et enquêtez !

Accident
Accouchement - IVG
Alcoolisme
Assassinat
Attentat
Bûcher
Cannibalisme
Chute accidentelle
Chute provoquée
Crucifixion
Décapitation
Défenestration
Démembrement
Dévoration animale
Duel
Écartèlement
Écrasement
Égorgement
Empalement
Empoisonnement
Enlisement
Étouffement
Exécution
Explosion
Famine
Gazage
Guerre (mort au combat)
Guillotine
Handicap
Maladie/épidémie
Mort inexpliquée
Mort naturelle
Mutilation
Noyade
Overdose
Pendaison
Suicide
Suicide collectif ritualisé
Torture
Venin
Viol
Autre

Liste des métiers

Quel métier exerciez-vous dans cette vie-là ? Est-ce la cause d'une des mémoires karmiques qui vous marque aujourd'hui professionnellement, financièrement ou même physiquement ?

Prenez vos outils, pendule, baguettes coudées ou validation corporelle, et enquêtez !

Acheteur·se
Agent·e d'entretien
Agent·e funéraire
Agent·e immobilier·ère
Agent·e de police
Agent·e de presse
Agent·e de sécurité
Agriculteur·rice
Ambulancier·ère
Aubergiste
Architecte
Artiste
Assistant·e administratif·ve et financier·ère
Avocat·e
Bibliothécaire
Biologiste
Bouffon du roi
Bourreau
Charpentier·ère
Chauffeur·se de taxi
Chamane
Charcutier·ère
Chef·fe de village
Chef·fes de chantier
Chimiste
Coiffeur·se
Colporteur·se
Commis·e de cuisine
Comptable
Conducteur·rice de train
Cuisinier·ère
Dame de compagnie
Dentiste
Domestique
Diacre
Éducateur·rice de jeunes enfants
Éleveur·se
Enseignant·e
Femme ou homme au foyer
Forgeron·ne
Fleuriste
Gardien·ne
Garde-forestier·ère
Géomètre
Greffier·ère
Infirmier·ère
Jardinier·ère
Journaliste
Juge
Laitier·ère
Lavandière
Linguiste

Machiniste
Maçon·ne
Maître verrier·ère
Maréchal-ferrant
Masseur·se
Médecin
Musicien·ne/barde
Nourrice
Pâtissier·ère/Boulanger·ère
Pêcheur·se
Pharmacien·ne
Photographe
Physicien·ne
Pilote/Cocher·ère
Pirate
Politicien·ne
Pompier·ère
Prêtre/nonne
Ramoneur·se
Receveur·se d'impôt
Sage-femme
Secrétaire
Serveur·se
Soldat·e (ou autre grade dans l'armée)
Vendeur·se
Vétérinaire

Voir aussi les anciens métiers ou métiers disparus :

Allumeur·se de réverbères
Bonnetier·ère
Chambellan
Hallebardier
Puisatier·ère
Potier·ère
Perruquier·ère
Sabotier·ère
Taillandier·ère
Teinturier·ère

Ainsi que les différents grades :

Seigneur/comte/duc·hesse par exemple.

Employé/ouvrier/chef·fe de section/patron·ne

Liste des émotions

Quelles ont été les conséquences de ces événements, métiers, morts ou liens ?

Voici une liste utile pour déterminer si une ou plusieurs émotions vous ont marqué·e dans cette vie. Peut-être qu'une de ces subtilités va vous apprendre quelque chose sur votre vie actuelle !

Prenez vos outils, pendule, baguettes coudées ou validation corporelle, et enquêtez !

Acharnement au travail
Acidité
Admiration
Adoration
Amertume
Amnésie
Amusement
Anarchisme
Anxiété
Appréciation esthétique
Autosabotage/destruction
Aveuglement
Bipolarité
Calme (sérénité)
Colère
Colère violente
Concurrence/compétition
Confusion
Contrariété
Culpabilité
Débordement
Dégoût
Démission
Dépression
Désabusement
Désir sexuel
Dévalorisation
Douleur empathique
Effacement
Égoïsme
Émerveillement
Enfermement
Ennui
Envie
Épuisement
État compulsif
Excitation (montée d'adrénaline)
Faiblesse
Fascination
Fausseté
Fuite/réalité
Goût du risque
Haine
Honte
Horreur
Hypercontrôle

- Impatience
- Impuissance
- Inefficacité
- Influençabilité
- Intérêt
- Intrigue
- Intolérance
- Isolement
- Jalousie
- Joie
- Lâcheté
- Logorrhée
- Lubie
- Machisme
- Malaise (embrassement)
- Malhonnêteté intellectuelle
- Manque de confiance en soi/en l'autre
- Mégalomanie
- Mélancolie
- Mensonge
- Mysticisme exacerbé
- Narcissisme
- Négligence
- Nostalgie
- Obsession
- Obsession de la propreté
- Orgueil
- Paranoïa
- Perte de désir
- Perte de mémoire
- Peur
- Peur du bonheur
- Prédation
- Psychorigidité
- Radinisme
- Rancœur
- Réactivité excessive
- Remords
- Romance
- Rumination
- Manque d'amour
- Manque de foi/conflit spirituel
- Sans volonté
- Satisfaction
- Séduction
- Sexisme
- Soulagement
- Stress
- Surprise
- Tristesse
- Trouble obsessionnel
- Urgence
- Usure
- Vengeance

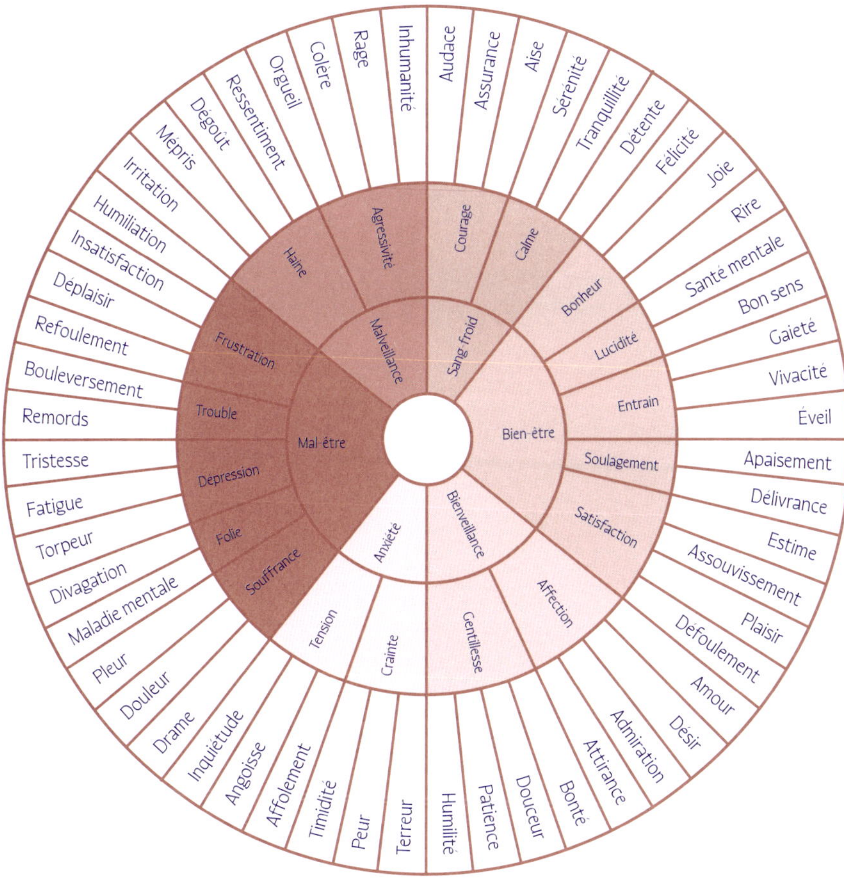

Mal-être
Malveillance
Sang-froid
Bien-être
Bienveillance
Anxiété
Frustration
Haine
Agressivité
Courage
Calme
Bonheur
Lucidité
Entrain
Soulagement
Satisfaction
Affection
Gentillesse
Crainte
Tension
Souffrance
Folie
Dépression
Trouble
Audace
Assurance
Aise
Sérénité
Tranquillité
Détente
Félicité
Joie
Rire
Santé mentale
Bon sens
Gaieté
Vivacité
Éveil
Apaisement
Délivrance
Estime
Assouvissement
Plaisir
Défoulement
Amour
Désir
Admiration
Attirance
Bonté
Douceur
Patience
Humilité
Terreur
Peur
Timidité
Affolement
Angoisse
Inquiétude
Drame
Douleur
Pleur
Maladie mentale
Divagation
Torpeur
Fatigue
Tristesse
Remords
Bouleversement
Refoulement
Déplaisir
Insatisfaction
Humiliation
Irritation
Mépris
Dégoût
Ressentiment
Orgueil
Colère
Rage
Inhumanité

Ce qui a été ou pas respecté

TABLEAU DES VALEURS HUMAINES

Abondance	Calme	Croissance	Énergie	Générosité	Plaisir	Sexualité
Acceptation	Candeur	Curiosité	Engagement	Grâce	Politesse	Silence
Accessibilité	Célébrité	Découverte	Enthousiasme	Gratitude	Positivisme	Simplicité
Accomplissement	Certitude	Déférence	Équité	Habileté	Pouvoir	Sincérité
Achèvement	Chaleur	Défi	Espérance	Harmonie	Propreté	Solidarité
Adaptabilité	Charme	Délectation	Euphorie	Héroïsme	Proximité	Solidité
Adoration	Chasteté	Désir	Exactitude	Honnêteté	Prudence	Solitude
Affection	Clarté	Détermination	Excellence	Humilité	Raffinement	Soutien
Affluence	Cohérence	Devoir	Expérience	Humour	Réciprocité	Spiritualité
Agilité	Compassion	Dévotion	Expertise	Indépendance	Reconnaissance	Spontanéité
Altruisme	Compétence	Dextérité	Exploration	Importance	Réflexion	Stabilité
Ambition	Compréhension	Dignité	Expressivité	Intégrité	Relaxation	Succès
Amitié	Confiance	Diligence	Extase	Intelligence	Repos	Suprématie
Amour	Conformité	Discernement	Extravagance	Intrépidité	Résilience	Surprise
Anticipation	Confort	Discipline	Exubérance	Jeunesse	Respect	Sympathie
Appréciation	Connaissance	Discrétion	Famille	Joie	Retenue	Synergie
Assertivité	Connexion	Disponibilité	Fascination	Justice	Rêve	Tradition
Assurance	Conscience	Diversité	Fermeté	Leadership	Révérence	Tranquillité
Astucieux	Contentement	Domination	Férocité	Liberté	Richesse	Transcendance
Attentisme	Continuité	Don	Fiabilité	Lucidité	Rigueur	Unité
Attraction	Contribution	Dynamisme	Fidélité	Maîtrise	Sacré	Utilité
Audace	Contrôle	Économe	Finesse	Optimisme	Sagesse	Valeur
Authenticité	Conviction	Éducation	Flexibilité	Ordre social	Santé	Variété
Auto-discipline	Convivialité	Efficacité	Force	Ouverture	Satisfaction	Vérité
Autonomie	Coopération	Égalité	Franchise	Paix	Sécurité	Vigilance
Aventure	Cordialité	Élégance	Frugalité	Partage	Self-control	Vision
Beauté	Courage	Empathie	Fun	Passion	Sens de la vie	Vitalité
Bienveillance	Courtoisie	Empressement	Gagner	Persévérance	Sensibilité	Vitesse
Bonheur	Créativité	Encouragement	Gaité	Performance	Sérénité	Vivacité
Bravoure	Crédibilité	Endurance	Galanterie	Plaisir	Service	Volonté

Combien ?

Dans tel événement, ou dans telle vie, ce cadran numérique peut aider à déterminer combien de personnes (ou de fois, de montant, de temps... tout ce qui est numérique) sont impliquées...

Prenez vos outils, pendule, baguettes coudées ou validation corporelle, et enquêtez !

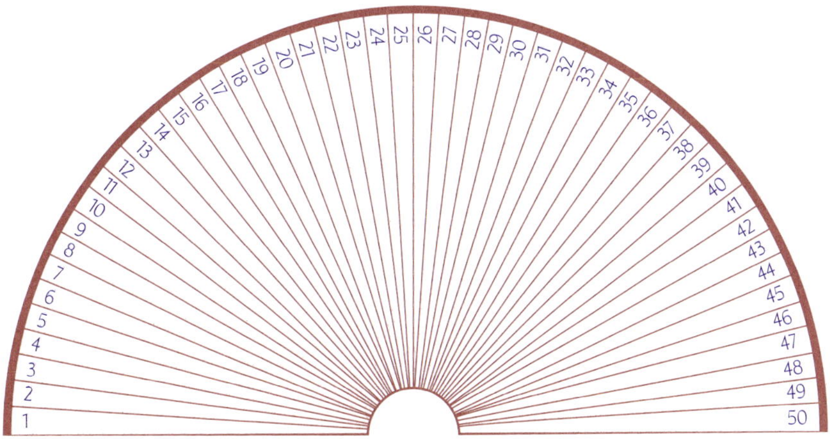

À quelle période/date ?

Si un événement (ou une naissance, une mort, etc.) est arrivé à une date précise dans une autre vie, il peut être intéressant de le savoir pour faire un parallèle avec vos émotions, événements, réactions physiques et même maladies qui trouvent un écho aux mêmes dates dans votre vie actuelle.

Prenez vos outils, pendule, baguettes coudées ou validation corporelle, et enquêtez !

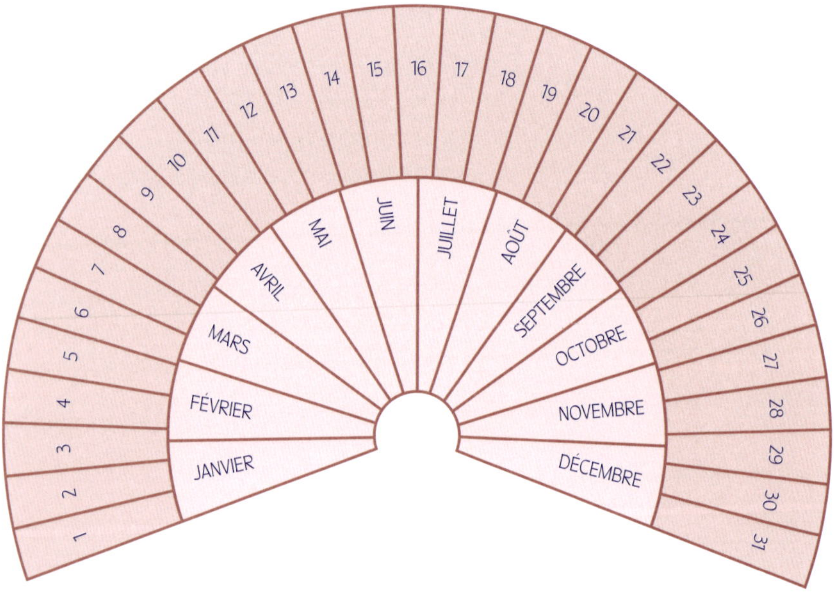

Les archétypes karmiques et leurs leçons de vie

Ces archétypes sont des « exemples types » de vies, avec leurs différents enjeux, joies et défis, et surtout leçons de vie à intégrer... Ce sont des histoires que nous rencontrons souvent en hypnose régressive ou en lecture d'annales akashiques, comme si, au fond, toutes les histoires humaines vécues depuis la nuit des temps étaient basées sur un nombre limité d'expériences à vivre, de leçons à retenir, d'épreuves à surmonter...

Certaines vibreront en vous plus que d'autres, certaines vous permettront littéralement d'identifier des moments que votre âme a peut-être vécus, et ce qu'il reste à surpasser.

Ces archétypes peuvent être considérés comme des pièces d'un puzzle (piochez un ou plusieurs détails dans chaque vie, tout ou partie !).

L'objectif n'est pas de définir une vérité absolue, tout simplement car le subconscient (ou l'âme) ne fait pas de différence entre le passé, le présent ou le futur : ce qui compte, c'est ce que vous ferez de ces histoires, de ces prises de conscience, de cette lecture !

Écoutez bien les tréfonds de votre intuition, à travers vos émotions ou réactions physiques : vous êtes votre meilleur pendule !

Mode d'emploi

Étape 1 : Préparation

Avant de commencer votre voyage à travers les archétypes karmiques, prenez un moment pour vous préparer intérieurement.

Créez un espace calme et sacré où vous pourrez vous plonger dans votre exploration en toute tranquillité. Soyez ouvert·e et réceptif·ve à ce que vous allez découvrir.

Étape 2 : Compréhension des archétypes

Familiarisez-vous avec les archétypes karmiques présentés dans le livre. Chaque archétype est accompagné d'une description détaillée, d'exemples et de caractéristiques spécifiques.
Prenez le temps de les intégrer, de voir ce qu'ils réveillent en vous...

ÉTAPE 3 : IDENTIFICATION DE VOS SCHÉMAS

Utilisez les archétypes karmiques comme des miroirs pour vous observer vous-même et votre vie.
Réfléchissez sur les schémas récurrents, les défis ou les blocages que vous rencontrez.
Identifiez les archétypes qui résonnent le plus avec votre expérience personnelle.

ÉTAPE 4 : EXPLORATION INTROSPECTIVE

Plongez dans des exercices d'exploration introspective proposés tout au long du livre. Utilisez-les pour sonder vos mémoires karmiques, faire émerger des souvenirs enfouis et comprendre les leçons qui en découlent.
Prenez le temps d'écrire vos réflexions et vos découvertes dans un journal dédié.

ÉTAPE 5 : GUÉRISON ET LIBÉRATION

Une fois que vous avez identifié les mémoires karmiques qui vous retiennent, utilisez les outils de guérison proposés dans la dernière partie de ce livre (à partir de la p. 144).
Ces outils comprennent des méditations guidées, des affirmations positives, des techniques de libération émotionnelle, etc. Pratiquez-les régulièrement pour transformer vos mémoires et libérer les schémas limitants.

ÉTAPE 6 : INTÉGRATION ET TRANSFORMATION

Au fur et à mesure que vous travaillez avec les archétypes karmiques et les outils de guérison, observez les changements qui se produisent dans votre vie.
Soyez attentif·ve aux synchronicités, aux nouvelles prises de conscience et aux opportunités de croissance personnelle.
Intégrez ces nouvelles compréhensions dans votre quotidien et agissez en accord avec elles.

Faites confiance à votre intuition, et à vos ressentis corporels : avec un pendule, des baguettes ou tout simplement votre esprit.
Vous pouvez utiliser le cadran numérique proposé plus haut pour trouver votre ou vos archétypes, avec le pendule, votre validation corporelle ou votre intuition première (voir p. 48).
Choisissez un chiffre pour déterminer les archétypes qui vous concernent.
Demandez même à votre outil d'enquête combien d'archétypes vous concernent selon un sujet déterminé (professionnel, sentimental, santé…).
Demandez ensuite si vous devez prendre TOUT ou partie de chaque archétype.

Les 44 histoires archétypales

Un archétype n'est pas une histoire que vous avez vécue entièrement. Nous sommes plus dans la métaphore et la parabole.

Par exemple, si vous tombez sur le « chevalier courageux du Moyen Âge, âgé de 35 ans, qui protégeait les terres de son seigneur », vous avez peut-être des mémoires de soldat dédié à sa patrie, de combattants pour une idéologie (religieuse, spirituelle ou intellectuelle) qui ont mené un combat moral, social ou politique… **Ce sont des points de départ, pas des arrivées définitives.** Voyez dans chaque histoire ce qui résonne vraiment, tout ou partie, en n'oubliant pas d'aller enquêter sur la subtilité de vos propres mémoires !

1. UN CHEVALIER COURAGEUX DU MOYEN ÂGE, ÂGÉ DE 35 ANS, QUI PROTÉGEAIT LES TERRES DE SON SEIGNEUR.

Événement positif : il sauve la vie de son seigneur lors d'une bataille.

Événement négatif : il est capturé par des ennemis et doit endurer de terribles tortures.

Leçon de vie : la loyauté et le courage sont des qualités précieuses mais, parfois, il est important de connaître ses limites et de faire preuve de prudence.

✳

Mots-clés de cet archétype : courage, loyauté, protection.

Possibles conséquences actuelles si la leçon n'a pas été intégrée : une persistance excessive dans le rôle de protecteur·rice peut entraîner des difficultés à établir des limites saines, conduisant à des relations déséquilibrées et à une négligence de ses propres besoins. Le refus de la prudence peut entraîner des situations dangereuses ou des épuisements émotionnels.

Antidote : intégrer la leçon en reconnaissant que le courage et la loyauté doivent être équilibrés par la prudence. Apprendre à définir des limites saines et à prendre soin de soi tout en continuant à soutenir les autres.

Citation à méditer : « Le courage n'est pas l'absence de peur, mais la résolution de la vaincre. » Amelia Earhart

Ma guidance : *Soyez courageux·se dans la défense de vos principes, mais apprenez à connaître vos limites. La véritable force réside dans l'équilibre et la conscience de soi. Protégez autant votre propre bien-être que vous le feriez pour autrui.*

2. Une prêtresse égyptienne de 28 ans, adoratrice d'Isis, qui dispensait des rituels de guérison.

Événement positif : elle guérit un enfant gravement malade et lui redonne la santé.

Événement négatif : son temple est attaqué et détruit par des envahisseurs.

Leçon de vie : la puissance de la guérison peut apporter du bien, mais il faut aussi être prêt·e à faire face à l'adversité et à reconstruire.

Mots-clés de cet archétype : guérison, spiritualité, résilience.

Possibles conséquences actuelles si la leçon n'a pas été intégrée : un attachement excessif à la réussite dans la guérison peut rendre difficile la gestion des revers. La résilience et la capacité à reconstruire après des moments difficiles peuvent être compromises.

Antidote : intégrer la leçon en reconnaissant que la vie est faite de hauts et de bas. Tout en continuant à offrir la guérison, il est important de cultiver la résilience pour surmonter les défis.

Citation à méditer : « La guérison peut être une lumière brillante, mais dans l'obscurité de l'adversité, nous découvrons la force de notre propre lumière intérieure. » Ralph Waldo Emerson

Ma guidance : *Continuez à offrir la guérison avec tout votre cœur, mais n'oubliez pas la force qui réside en vous pour reconstruire lorsque la vie vous met au défi.*

3. UN PIRATE AUDACIEUX DU XVIIIE SIÈCLE, ÂGÉ DE 40 ANS, QUI NAVIGUAIT SUR LES MERS EN QUÊTE DE TRÉSORS.

Événement positif : il découvre un trésor légendaire après une longue quête.

Événement négatif : son équipage se révolte contre lui et il est abandonné sur une île déserte.

Leçon de vie : les richesses matérielles ne garantissent pas le bonheur, mais l'amitié et la confiance ont une importance inestimable.

Mots-clés de cet archétype : aventure, trésors, confiance.

Possibles conséquences actuelles si la leçon n'a pas été intégrée : une poursuite obsessionnelle des richesses matérielles peut entraîner des relations tendues et une solitude émotionnelle. La confiance et les relations authentiques peuvent être négligées au profit de la quête de succès financier.

Antidote : intégrer la leçon en reconnaissant que la véritable richesse réside dans les relations humaines, l'amitié et la confiance. Équilibrer l'ambition matérielle avec le besoin essentiel de connexions significatives.

Citation à méditer : « Les véritables trésors ne sont pas toujours faits d'or et de joyaux, mais des liens indestructibles tissés entre les cœurs. » Helen Steiner Rice

Ma guidance : *Naviguez vers l'aventure, cherchez des trésors, mais n'oubliez pas que les véritables richesses se trouvent dans les relations authentiques. Accordez une valeur inestimable à l'amitié et à la confiance.*

4. UNE SAGE-FEMME DU XVIIE SIÈCLE, ÂGÉE DE 45 ANS, QUI AIDAIT LES FEMMES LORS DE LEUR ACCOUCHEMENT.

Événement positif : elle assiste à la naissance d'un enfant en parfaite santé et voit la joie des parents.

Événement négatif : elle est accusée de sorcellerie par l'Église car elle a donné naissance à plusieurs enfants handicapés et brûlée sur le bûcher.

Leçon de vie : l'importance de la compassion et de l'entraide peut parfois être incomprise, mais il est essentiel de rester fidèle à ses convictions.

Mots-clés de cet archétype : guérison, sagesse, maternité.

Possibles conséquences actuelles si la leçon n'a pas été intégrée : une dévotion excessive au bien-être des autres peut conduire à une négligence de ses propres besoins. La sagesse acquise dans la maternité et la guérison peut être sous-utilisée dans la gestion de sa propre vie.

Antidote : intégrer la leçon en reconnaissant l'importance de s'occuper de soi-même tout en aidant les autres. Appliquer la sagesse maternelle à la vie quotidienne pour un équilibre harmonieux.

Citation à méditer : « La sagesse est le joyau de l'âme, qui brille plus que tout trésor matériel. » Matthew Kelly

Ma guidance : *Continuez à offrir vos dons de guérison et de sagesse, mais n'oubliez pas de vous appliquer ces enseignements. La maternité et la guérison commencent par prendre soin de soi avec la même dévotion.*

5. Un explorateur intrépide de l'Antiquité, âgé de 30 ans, qui partait à la découverte de terres inconnues.

Événement positif : il découvre un nouveau continent et ouvre des voies commerciales prospères.

Événement négatif : il est blessé lors d'une rencontre violente avec une tribu indigène.

Leçon de vie : l'exploration et l'ouverture à de nouvelles cultures peuvent enrichir nos vies, mais le respect et la compréhension mutuels sont indispensables.

Mots-clés de cet archétype : exploration, découverte, respect interculturel.

Possibles conséquences actuelles si la leçon n'a pas été intégrée : une poursuite incessante de l'exploration peut entraîner une négligence des sensibilités culturelles, créant des barrières au lieu de construire des ponts entre les peuples. Les blessures résultant d'un manque de respect peuvent persister.

Antidote : intégrer la leçon en reconnaissant que l'exploration nécessite également une ouverture d'esprit et un profond respect pour les cultures rencontrées. Trouver l'équilibre entre la découverte et le respect mutuel.

Citation à méditer : « Le voyage éduque le regard et élargit l'esprit. » Victor Hugo

Ma guidance : *Poursuivez l'exploration mais n'oubliez pas que la véritable richesse réside dans la compréhension mutuelle. Que chaque nouvelle découverte soit une invitation à construire des ponts, pas des murs.*

6. Une artiste talentueuse de la Renaissance, âgée de 25 ans, qui créait de magnifiques peintures et sculptures.

Événement positif : son œuvre est exposée dans une prestigieuse galerie d'art et acclamée par les critiques.

Événement négatif : ses créations sont détruites lors d'un incendie qui ravage son atelier.

Leçon de vie : l'expression artistique peut toucher les âmes, mais il faut apprendre à accepter les pertes et à renaître de ses cendres.

Mots-clés de cet archétype : créativité, expression artistique, résilience.

Possibles conséquences actuelles si la leçon n'a pas été intégrée : un attachement excessif aux créations artistiques peut rendre difficile la gestion des pertes, entraînant des périodes prolongées de deuil créatif. La résilience face aux revers peut être compromise.

Antidote : intégrer la leçon en reconnaissant que l'expression artistique est un voyage de hauts et de bas. Apprendre à accepter les pertes comme une partie du processus et à renaître de ses cendres artistiques.

Citation à méditer : « Dans chaque épreuve artistique, il y a le secret d'une renaissance. » Pat Schneider

Ma guidance : *Laissez chaque œuvre être un chapitre de votre histoire artistique. Acceptez les pertes avec grâce et utilisez-les comme des fondations pour une nouvelle création. La véritable beauté réside dans la capacité à renaître de ses propres cendres.*

7. Un moine bouddhiste du XIIIe siècle, âgé de 50 ans, qui pratiquait la méditation pour atteindre l'illumination.

Événement positif : il atteint un état de conscience profonde et expérimente la paix intérieure.

Événement négatif : son monastère est attaqué et pillé par des envahisseurs, le forçant à fuir.

Leçon de vie : la recherche de la sagesse intérieure peut apporter la tranquillité d'esprit, mais il est important d'accepter l'impermanence et de s'adapter aux changements.

Mots-clés de cet archétype : méditation, illumination, acceptation de l'impermanence.

Possibles conséquences actuelles si la leçon n'a pas été intégrée : une rigidité face au changement peut entraîner des difficultés à s'adapter aux circonstances imprévues. La quête constante de la paix intérieure peut être compromise par une résistance aux fluctuations de la vie.

Antidote : intégrer la leçon en reconnaissant que la sagesse intérieure se trouve dans l'acceptation de l'impermanence. Trouver la paix en s'adaptant aux changements inévitables de la vie.

Citation à méditer : « Le bonheur est une fleur qui doit s'épanouir sur les bords du chemin de la paix intérieure. » Thich Nhat Hanh

Ma guidance : *Continuez à méditer pour atteindre l'illumination, mais rappelez-vous que la vraie sagesse réside dans la capacité à s'adapter aux changements. Trouvez la paix dans l'acceptation de l'impermanence.*

8. UNE CHAMANE AMÉRINDIENNE DE 35 ANS, QUI COMMUNIQUAIT AVEC LES ESPRITS ET GUÉRISSAIT LES MALADIES.

Événement positif : elle guide une tribu vers la guérison et la prospérité après une épidémie dévastatrice.

Événement négatif : elle est accusée de sorcellerie par une faction rivale et est exilée.

Leçon de vie : les dons spirituels peuvent apporter la guérison, mais il est essentiel de rester fidèle à ses croyances, même face à l'adversité.

Mots-clés de cet archétype : communication spirituelle, guérison, fidélité aux croyances.

Possibles conséquences actuelles si la leçon n'a pas été intégrée : un manque de fidélité à ses croyances peut entraîner une perte de repères spirituels, tandis que la persécution peut conduire à une répression de ses dons spirituels.

Antidote : intégrer la leçon en reconnaissant que les dons spirituels sont une force puissante. Rester fidèle à ses croyances, même en face d'adversité, permet de préserver l'intégrité spirituelle.

Citation à méditer : « La force spirituelle réside dans la fidélité à soi-même, même lorsque le monde semble contre vous. » Black Elk

Ma guidance : *Continuez à utiliser vos dons spirituels pour apporter la guérison, mais ne compromettez jamais vos croyances. La véritable force réside dans la fidélité à soi-même, même dans les moments difficiles.*

9. Un seigneur bienveillant de l'ère médiévale, âgé de 50 ans, qui gouvernait avec sagesse et justice.

Événement positif : il met en place des réformes qui améliorent la vie de ses sujets et renforcent l'économie.

Événement négatif : il est victime d'un complot visant à renverser son règne et doit s'enfuir pour sauver sa vie.

Leçon de vie : la bonté et la justice peuvent apporter le bonheur à tou·te·s, mais il faut également être conscient·e des forces hostiles qui cherchent à détruire l'harmonie.

Mots-clés de cet archétype : bienveillance, justice, conscience politique.

Possibles conséquences actuelles si la leçon n'a pas été intégrée : une confiance excessive peut conduire à une vulnérabilité face aux complots politiques, tandis qu'une méfiance constante peut compromettre la capacité à gouverner avec bienveillance.

Antidote : intégrer la leçon en reconnaissant que la bienveillance et la justice doivent être accompagnées d'une conscience politique. Trouver l'équilibre entre la confiance et la vigilance.

Citation à méditer : « La justice sans force est impuissante, la force sans justice est tyrannique. » Blaise Pascal

Ma guidance : *Continuez à gouverner avec bienveillance, mais soyez conscient·e des forces hostiles. La véritable sagesse réside dans la capacité à combiner la force et la justice pour préserver l'harmonie.*

10. Un samouraï japonais du XIXe siècle, âgé de 40 ans, qui défendait l'honneur de son seigneur.

Événement positif : il remporte une bataille cruciale et devient un héros légendaire.

Événement négatif : il est trahi par un proche allié et doit se battre pour sa propre survie.

Leçon de vie : la loyauté et l'honneur sont des valeurs précieuses, mais il est essentiel de rester vigilant·e et de faire confiance avec prudence.

Mots-clés de cet archétype : loyauté, honneur, vigilance.

Possibles conséquences actuelles si la leçon n'a pas été intégrée : une confiance excessive peut conduire à une vulnérabilité face à la trahison, tandis qu'une méfiance constante peut compromettre les relations interpersonnelles et le bien-être émotionnel.

Antidote : intégrer la leçon en reconnaissant que la loyauté et l'honneur doivent être accompagnés d'une vigilance prudente. Trouver l'équilibre entre la confiance et la prudence dans les relations.

Citation à méditer : « La loyauté est un noble trait de caractère, mais il est sage de l'offrir à ceux qui en sont dignes. » Arthur Conan Doyle

Ma guidance : *Continuez à défendre l'honneur avec courage, mais rappelez-vous qu'il est également important de rester vigilant·e. La véritable force réside dans la capacité à faire confiance avec sagesse.*

11. Une prêtresse druidique de l'âge du fer, âgée de 30 ans, qui communiait avec la nature et les esprits.

Événement positif : elle préserve l'équilibre écologique d'une forêt menacée par la déforestation.

Événement négatif : elle est capturée par des envahisseurs romains et forcée de renoncer à ses pratiques spirituelles.

Leçon de vie : le respect de la nature et la connexion avec les esprits peuvent apporter la guérison, mais il faut parfois faire des compromis pour préserver ce qui est essentiel.

Mots-clés de cet archétype : connexion avec la nature, spiritualité, compromis.

Possibles conséquences actuelles si la leçon n'a pas été intégrée : un attachement excessif à ses pratiques spirituelles peut entraîner un isolement social, tandis que l'abandon total de ses croyances peut conduire à une perte de connexion avec la nature et les esprits.

Antidote : intégrer la leçon en reconnaissant que la connexion avec la nature et les esprits est précieuse, mais que parfois des compromis doivent être faits pour préserver l'essentiel. Trouver l'équilibre entre spiritualité et adaptation aux circonstances.

Citation à méditer : « La nature est la toile sur laquelle Dieu peint. » Dante Alighieri

Ma guidance : *Continuez à honorer votre connexion avec la nature et les esprits, mais rappelez-vous qu'il est parfois nécessaire de faire des compromis pour préserver l'essentiel. La véritable sagesse réside dans la capacité à s'adapter tout en restant fidèle à ses croyances.*

12. Un astronome de l'Antiquité, âgé de 50 ans, qui étudiait les étoiles et les planètes.

Événement positif : il découvre une nouvelle constellation et son nom est inscrit dans les livres d'histoire.

Événement négatif : ses découvertes révolutionnaires sont rejetées par la communauté scientifique de l'époque.

Leçon de vie : la poursuite de la connaissance peut éclairer notre compréhension du monde, mais il faut également accepter que le progrès soit parfois lent et résister aux critiques.

Mots-clés de cet archétype : connaissance, révolution, résilience.

Possibles conséquences actuelles si la leçon n'a pas été intégrée : une persistance excessive dans ses convictions peut conduire à l'isolement social et à l'échec professionnel, tandis qu'un abandon précoce de ses idées innovantes peut entraîner des regrets et une stagnation intellectuelle.

Antidote : intégrer la leçon en reconnaissant que la poursuite de la connaissance est essentielle, mais qu'il faut également être prêt·e à affronter les obstacles et à résister aux critiques. Cultiver la résilience pour persévérer malgré l'adversité.

Citation à méditer : « La vérité triomphe de l'obscurité. » Francis Bacon

Ma guidance : *Continuez à explorer les mystères de l'Univers avec passion, mais rappelez-vous qu'il faut parfois du temps pour que la vérité soit reconnue. Restez résilient·e dans votre quête de connaissance.*

13. Une reine égyptienne puissante du Nouvel Empire, âgée de 35 ans, qui dirigeait son royaume avec sagesse.

Événement positif : elle mène une campagne victorieuse et étend les frontières de son empire.

Événement négatif : son règne est marqué par des complots internes et elle est finalement renversée par un rival.

Leçon de vie : le leadership et la sagesse peuvent apporter la grandeur, mais il faut également faire face aux intrigues et aux conflits politiques.

Mots-clés de cet archétype : leadership, sagesse, intrigue.

Possibles conséquences actuelles si la leçon n'a pas été intégrée : un leadership trop autoritaire peut entraîner des résistances et des complots internes, tandis qu'une trop grande confiance envers les autres peut conduire à la trahison et à la chute.

Antidote : intégrer la leçon en reconnaissant que le leadership et la sagesse sont essentiels, mais qu'il faut aussi être conscient·e des intrigues politiques et savoir naviguer dans les eaux troubles du pouvoir.

Citation à méditer : « La puissance ne consiste pas à frapper fort ou souvent, mais à frapper juste. » Honoré de Balzac

Ma guidance : *Continuez à diriger avec sagesse et autorité, mais gardez toujours un œil sur les intrigues politiques. La véritable force réside dans la capacité à naviguer habilement dans les eaux tumultueuses du pouvoir.*

14. Un guerrier viking audacieux du IXe siècle, âgé de 28 ans, qui se battait pour conquérir de nouvelles terres.

Événement positif : il participe à une expédition réussie qui permet à son peuple de s'établir sur de nouvelles terres fertiles.

Événement négatif : il est capturé par un clan rival et doit vivre en esclavage pendant plusieurs années.

Leçon de vie : le courage et la détermination peuvent ouvrir de nouvelles possibilités, mais il est important de ne pas sous-estimer les conséquences de nos actions.

Mots-clés de cet archétype : courage, conquête, conséquences.

Possibles conséquences actuelles si la leçon n'a pas été intégrée : un tempérament trop téméraire peut entraîner des prises de risque inconsidérées, tandis qu'une prudence excessive peut entraver les opportunités de croissance personnelle.

Antidote : intégrer la leçon en reconnaissant que le courage et la détermination sont importants, mais qu'il est également crucial de peser les conséquences de nos actions et d'agir avec prudence.

Citation à méditer : « Le courage, c'est de chercher la vérité et de la dire. » Jean Jaurès

Ma guidance : *Continuez à vous battre avec courage pour vos objectifs, mais rappelez-vous toujours d'évaluer les risques et les conséquences de vos actions. La véritable force réside dans la capacité à agir avec détermination et sagesse.*

15. Une poétesse romantique du XIXe siècle, âgée de 25 ans, qui écrivait des vers passionnés et mélancoliques.

Événement positif : son recueil de poèmes est publié avec succès et devient une source d'inspiration pour de nombreux·ses lecteur·rice·s.

Événement négatif : elle tombe amoureuse d'un artiste tourmenté et doit faire face à une relation tumultueuse et destructrice.

Leçon de vie : l'expression artistique peut capturer l'essence de l'âme, mais il est essentiel de maintenir un équilibre entre l'amour passionné et le respect de soi.

Mots-clés de cet archétype : poésie, passion, équilibre.

Possibles conséquences actuelles si la leçon n'a pas été intégrée : un amour excessivement passionné peut conduire à des relations toxiques et destructrices, tandis qu'une réticence à s'ouvrir émotionnellement peut entraver les relations intimes.

Antidote : intégrer la leçon en reconnaissant que l'expression artistique est précieuse, mais qu'il est tout aussi important de maintenir un équilibre émotionnel et de s'engager dans des relations saines et respectueuses.

Citation à méditer : « La poésie est la musique de l'âme et surtout des âmes grandes et sensibles. » Voltaire

Ma guidance : *Continuez à exprimer votre passion à travers vos vers, mais n'oubliez pas de prendre soin de votre bien-être émotionnel. La véritable beauté réside dans l'équilibre entre l'expression artistique et le respect de soi.*

16. Un guérisseur chinois de la dynastie des Tang, âgé de 45 ans, qui pratiquait l'acupuncture et la médecine traditionnelle.

Événement positif : il développe une nouvelle technique de guérison qui soulage la douleur de nombreux·ses patient·e·s.

Événement négatif : ses méthodes sont critiquées par les autorités médicales et il est accusé de charlatanisme.

Leçon de vie : la recherche de nouvelles méthodes de guérison peut être bénéfique, mais il faut aussi être prêt·e à faire face à l'opposition et à défendre sa pratique.

Mots-clés de cet archétype : guérison, innovation, résilience.

Possibles conséquences actuelles si la leçon n'a pas été intégrée : une résistance excessive au changement peut entraver l'innovation et le progrès, tandis qu'une volonté inébranlable de poursuivre de nouvelles voies peut entraîner un isolement social et professionnel.

Antidote : intégrer la leçon en reconnaissant que la recherche de nouvelles méthodes de guérison est importante, mais qu'il est également essentiel de rester résilient·e face à l'opposition et de défendre sa pratique avec conviction.

Citation à méditer : « Le plus grand bien que nous puissions faire aux autres n'est pas de leur communiquer notre richesse, mais de leur révéler la leur. » Louis Lavelle

Ma guidance : *Continuez à innover dans votre pratique de guérison, mais soyez également prêt·e à défendre vos convictions avec détermination. La véritable force réside dans la résilience et la persévérance face à l'adversité.*

17. UNE MÈRE AZTÈQUE DE 30 ANS, QUI OFFRAIT DES SACRIFICES RITUELS POUR APAISER LES DIEUX.

Événement positif : ses prières et rituels aident à apporter une bonne récolte et la prospérité à sa communauté.

Événement négatif : les conflits avec les conquistadors espagnols conduisent à la destruction de son temple et à l'abolition de ses pratiques religieuses.

Leçon de vie : la spiritualité peut fournir des réponses et un sens profond à la vie, mais il faut être prêt·e à faire face à l'opposition et à s'adapter aux changements historiques.

Possibles conséquences actuelles si la leçon n'a pas été intégrée : une rigidité dans les croyances religieuses peut entraîner un conflit avec les normes sociales contemporaines, tandis qu'une adaptation excessive peut conduire à une perte de racines spirituelles.

Antidote : intégrer la leçon en reconnaissant que la spiritualité offre un sens profond à la vie, mais qu'il est également crucial de rester résilient·e face à l'opposition et de s'adapter aux changements historiques.

Citation à méditer : « La foi est le courage de l'inintelligible. » John Lancaster Spalding

Ma guidance : *Continuez à puiser dans votre spiritualité pour trouver la force et la résilience, mais rappelez-vous également que l'adaptabilité est essentielle pour naviguer à travers les tempêtes de l'histoire. Restez ancré·e dans vos croyances tout en restant ouvert·e aux évolutions du monde qui vous entoure.*

18. UN DON JUAN SÉDUISANT DU XVIIIE SIÈCLE, ÂGÉ DE 35 ANS, QUI CHARME LES FEMMES AVEC SON ÉLÉGANCE ET SON CHARISME IRRÉSISTIBLES.

Événement positif : il tombe amoureux sincèrement d'une femme exceptionnelle et découvre la véritable signification de l'amour et de la fidélité.

Événement négatif : ses actions passées le rattrapent lorsque des révélations sur ses aventures antérieures provoquent le chagrin et la méfiance de sa bien-aimée.

Leçon de vie : la passion peut être enivrante, mais elle ne doit pas être confondue avec l'amour véritable. L'importance de l'honnêteté et du respect dans les relations humaines est cruciale pour préserver la confiance et le bonheur.

Mots-clés de cet archétype : séduction, amour, responsabilité.

Possibles conséquences dans votre vie actuelle si la leçon n'a pas été intégrée : risque de causer des souffrances inutiles et des dommages émotionnels à soi-même et à ceux·celles qui nous entourent en recherchant uniquement la satisfaction personnelle sans considération pour les sentiments des autres. Peut entraîner des relations superficielles et éphémères, ainsi que des conflits et des ruptures.

Antidote : intégrer la leçon en reconnaissant la valeur de l'engagement et de la loyauté dans les relations amoureuses. Cultiver une communication ouverte et honnête, ainsi que le respect mutuel et la compréhension des besoins et des désirs de son·sa partenaire.

Citation à méditer : « L'amour vrai n'est pas basé sur la séduction, mais sur la confiance et le respect mutuel. » Anonyme

Ma guidance : *L'amour véritable exige bien plus que des jeux de séduction et des aventures passagères. En cultivant l'honnêteté et la responsabilité dans nos relations, nous pouvons trouver une connexion authentique et durable qui enrichit notre vie et celle de notre partenaire.*

19. Une femme fatale envoûtante du début du XXe siècle, âgée de 30 ans, qui séduit les hommes avec son charme mystérieux et sa beauté envoûtante.

Événement positif : elle trouve un véritable amour avec un homme qui la comprend et l'accepte telle qu'elle est, au-delà de son image de séductrice.

Événement négatif : les manipulations et les jeux de pouvoir qu'elle a utilisés dans le passé la rattrapent lorsque ses anciens amants se vengent de ses trahisons, brisant ainsi son nouveau bonheur.

Leçon de vie : la beauté et la séduction peuvent être des atouts puissants, mais elles ne doivent pas être utilisées pour manipuler et blesser les autres. L'importance de l'honnêteté, de la confiance et de la vulnérabilité dans les relations humaines est cruciale pour trouver un amour authentique et durable.

Mots-clés de cet archétype : séduction, manipulation, amour authentique.

Possibles conséquences dans votre vie actuelle si la leçon n'a pas été intégrée : risque de causer des dommages émotionnels et des ruptures dans les relations en manipulant les autres pour obtenir ce que l'on veut. Peut entraîner un sentiment de vide et d'isolement, ainsi que des conflits interpersonnels.

Antidote : intégrer la leçon en reconnaissant la valeur de l'authenticité et de la sincérité dans les relations humaines. Cultiver l'empathie et la compassion, et s'efforcer de construire des relations basées sur le respect mutuel et la confiance.

Citation à méditer : « La véritable beauté réside dans la sincérité et la bonté du cœur. » Anonyme

Ma guidance : *La séduction peut être un art dangereux lorsqu'elle est utilisée sans égard pour les sentiments des autres. En cultivant l'empathie et la sincérité dans nos interactions, nous pouvons trouver un amour qui transcende les apparences et nourrit notre âme.*

20. UN JOUEUR DE CASINO AUDACIEUX DES ANNÉES 1970, ÂGÉ DE 35 ANS, QUI DÉFIE LE DESTIN ET CHERCHE LA FORTUNE AUX TABLES DE JEU.

Événement positif : il connaît une série de victoires incroyables, accumulant des gains massifs et attirant l'admiration de ses pairs.

Événement négatif : son obsession pour le jeu le conduit à des pertes colossales et à l'endettement, mettant en péril sa sécurité financière et ses relations personnelles.

Leçon de vie : la chance peut être capricieuse et le jeu peut avoir des conséquences désastreuses lorsqu'il devient une obsession. Apprendre à contrôler ses impulsions et à prendre des décisions réfléchies est essentiel pour éviter les pièges du jeu compulsif.

Mots-clés de cet archétype : risque, chance, addiction.

Possibles conséquences dans votre vie actuelle si la leçon n'a pas été intégrée : risque de dépendance au jeu, de pertes financières et de tensions dans les relations familiales et sociales. Peut entraîner une détérioration de la santé mentale et émotionnelle, ainsi qu'une baisse de l'estime de soi.

Antidote : intégrer la leçon en reconnaissant les dangers du jeu compulsif et en recherchant un soutien professionnel pour surmonter l'addiction. Apprendre à gérer ses finances de manière responsable et à trouver des moyens sains de se divertir et de se détendre.

Citation à méditer : « Le jeu peut être une bonne manière de s'amuser, mais il faut toujours garder à l'esprit que c'est un jeu et ne jamais risquer plus que ce que l'on peut se permettre de perdre. » Michael Jordan

Ma guidance : *L'histoire du joueur de casino nous rappelle l'importance de la modération et de la responsabilité dans nos choix. En comprenant les risques associés au jeu excessif, nous pouvons préserver notre bien-être financier et émotionnel, et cultiver des habitudes de vie plus équilibrées.*

21. Un amoureux passionné des années 1960, âgé de 25 ans, qui recherche ardemment l'amour véritable et la connexion profonde.

Événement positif : il tombe follement amoureux d'une femme magnétique et partage des moments magiques de complicité et de bonheur.

Événement négatif : sa relation idyllique est éclipsée par des désaccords constants et des conflits irréconciliables, aboutissant à une douloureuse séparation.

Leçon de vie : l'amour peut être aussi merveilleux que difficile, et il est essentiel de reconnaître quand une relation n'est plus saine et de se libérer pour trouver le véritable bonheur.

Mots-clés de cet archétype : passion, romance, séparation.

Possibles conséquences dans votre vie actuelle si la leçon n'a pas été intégrée : risque de s'enliser dans des relations toxiques ou dysfonctionnelles, entraînant une détresse émotionnelle et une perte de confiance en soi. Peut conduire à une série de relations instables et à une quête incessante de validation externe.

Antidote : intégrer la leçon en apprenant à reconnaître les signes d'une relation saine et en développant un amour-propre fort et une estime de soi saine. S'engager dans des relations basées sur le respect mutuel et la communication ouverte, et être prêt·e à lâcher prise lorsque cela est nécessaire pour préserver son bien-être émotionnel.

Citation à méditer : « L'amour, c'est donner à quelqu'un le pouvoir de vous détruire, mais lui faire confiance pour ne pas le faire. » Inconnu

Ma guidance : *En choisissant des partenaires qui nous valorisent et nous soutiennent, nous pouvons construire des relations épanouissantes et durables qui enrichissent nos vies.*

22. UNE PROSTITUÉE AU CŒUR TENDRE DES ANNÉES 1920, ÂGÉE DE 30 ANS, QUI CHERCHE DÉSESPÉRÉMENT À ÉCHAPPER À SON PASSÉ TUMULTUEUX ET À TROUVER UN AMOUR SINCÈRE.

Événement positif : elle rencontre un homme attentionné qui voit au-delà de sa profession et lui offre un refuge chaleureux loin des rues sombres de la ville.

Événement négatif : les démons du passé refont surface lorsque son histoire est découverte, semant la discorde et la méfiance dans sa nouvelle relation, laissant son cœur brisé une fois de plus.

Leçon de vie : la quête de rédemption et d'amour vrai peut être parsemée d'embûches, mais il est crucial de se pardonner à soi-même et aux autres pour pouvoir avancer et trouver le bonheur.

Mots-clés de cet archétype : rédemption, amour, pardon.

Possibles conséquences dans votre vie actuelle si la leçon n'a pas été intégrée : risque de rester piégé·e dans un cycle destructeur de relations toxiques ou de mauvais choix, entraînant un sentiment persistant d'insatisfaction et de désespoir.

Antidote : intégrer la leçon en se libérant du poids du passé, en se donnant la permission de s'aimer et de recevoir l'amour des autres sans jugement. Chercher des relations basées sur l'authenticité et la compassion, où le pardon et la compréhension mutuelle sont des piliers fondamentaux.

Citation à méditer : « Dans chaque histoire de repentir, il y a de l'amour et de la tristesse. Dans chaque acte d'amour, il y a de l'espoir et du pardon. » Inconnu

Ma guidance : *Chacun·e mérite une seconde chance et l'amour peut transcender les erreurs du passé. En acceptant notre propre valeur et en laissant les autres nous aimer pour ce que nous sommes, nous pouvons nous ouvrir à des relations authentiques et nourrissantes.*

23. Un voleur repentant des temps médiévaux, âgé de 35 ans, qui cherche à se racheter après une vie de crimes et de tromperies.

Événement positif : il rencontre un prêtre bienveillant qui lui offre une chance de rédemption en l'aidant à trouver un travail honnête et à reconstruire sa vie.

Événement négatif : son passé tumultueux le hante alors qu'il lutte pour s'intégrer dans la société et que les conséquences de ses actions passées menacent de le rattraper.

Leçon de vie : la véritable rédemption nécessite un engagement sincère à changer et à réparer les torts causés, même lorsque les obstacles semblent insurmontables.

Mots-clés de cet archétype : rédemption, repentir, réparation.

Possibles conséquences dans votre vie actuelle si la leçon n'a pas été intégrée : risque de continuer à vivre dans un cycle de comportements autodestructeurs et de manque de confiance en soi, conduisant à une vie marquée par le regret et la culpabilité.

Antidote : intégrer la leçon en prenant la responsabilité de ses actions passées, en recherchant activement la réparation et en travaillant à se pardonner à soi-même. S'engager à vivre une vie d'intégrité et de compassion envers les autres, même lorsque cela semble difficile.

Citation à méditer : « La rédemption n'est pas un acte unique, mais un processus continu de croissance, de changement et d'acceptation de soi. » Catherine Pulsifer

Ma guidance : *L'histoire du voleur nous rappelle que même ceux qui ont commis des erreurs peuvent trouver la rédemption s'ils·elles sont prêt·e·s à changer et à se pardonner. En acceptant la responsabilité de nos actions passées et en œuvrant pour faire le bien dans le présent, nous pouvons transformer notre vie et inspirer les autres à faire de même.*

24. UNE JEUNE FILLE DU XVE SIÈCLE ÂGÉE DE 25 ANS, QUI A DÉCIDÉ DE RESTER VIERGE TOUT SA VIE ET QUI TROUVE SA FORCE ET SA LIBERTÉ DANS SON CHOIX DE CHASTETÉ.

Événement positif : elle découvre un groupe de femmes sages et bienveillantes qui la soutiennent dans sa décision et lui offrent une communauté chaleureuse et solidaire.

Événement négatif : elle est confrontée à la pression sociale et aux jugements sévères de ceux·celles qui ne comprennent pas son choix, ce qui met à l'épreuve sa confiance en elle et sa détermination.

Leçon de vie : la véritable liberté réside dans la capacité à suivre son propre chemin, même lorsque cela signifie défier les normes sociales et les attentes des autres.

Mots-clés de cet archétype : chasteté, indépendance, résilience.

Possibles conséquences dans votre vie actuelle si la leçon n'a pas été intégrée : risque de compromettre votre bien-être émotionnel en cherchant à conformer votre vie aux attentes des autres plutôt qu'à suivre votre propre vérité intérieure. Peut entraîner des sentiments de frustration, d'inconfort et de perte de confiance en soi.

Antidote : intégrer la leçon en cultivant l'acceptation de soi et la confiance en votre propre voie, même lorsque cela semble difficile ou contraire aux normes sociales. Vous entourer de soutien et de compréhension pour renforcer votre résilience et votre détermination à vivre selon vos propres valeurs.

Citation à méditer : « La véritable liberté est de vivre sa vie comme on l'entend. » Aung San Suu Kyi

Ma guidance : *Il est important de suivre notre propre vérité intérieure, même lorsque cela signifie aller à contre-courant des attentes sociales. En trouvant la force et la confiance nécessaires pour vivre selon vos propres valeurs, vous pouvez découvrir un sentiment profond de liberté et d'accomplissement.*

25. UN BOURREAU DU XVIIe SIÈCLE, ÂGÉ DE 40 ANS, QUI EXÉCUTE LES PEINES CORPORELLES ORDONNÉES PAR UNE COUR DE JUSTICE, ET SPÉCIALEMENT LA PEINE DE MORT.

Événement positif : il est reconnu pour son professionnalisme et son humanité dans l'exercice de ses fonctions, ce qui lui vaut le respect de ses pairs et de la communauté.

Événement négatif : il est tourmenté par le poids de sa charge, confronté à des cauchemars et à des remords pour les vies qu'il a prises, ce qui le plonge dans un profond conflit intérieur.

Leçon de vie : même dans les métiers les plus sombres, il est possible de préserver son humanité et son intégrité. Il est essentiel de reconnaître la complexité morale de ses actions et de trouver des moyens de réconciliation intérieure.

Mots-clés de cet archétype : devoir, dilemme moral, humanité.

Possibles conséquences dans votre vie actuelle si la leçon n'a pas été intégrée : risque de souffrir de stress post-traumatique, de troubles émotionnels et de conflits intérieurs dus à la dissonance cognitive entre ses actions professionnelles et ses valeurs personnelles.

Antidote : intégrer la leçon en cherchant des moyens de rédemption et de réconciliation avec son passé, en se tournant vers des pratiques de guérison émotionnelle et en se connectant avec des personnes qui peuvent offrir un soutien et une compréhension.

Citation à méditer : « La vraie grandeur réside dans la capacité à accepter et à faire face à ses propres erreurs. » Confucius

Ma guidance : *En trouvant des moyens de rédemption et de réconciliation, même dans les situations les plus sombres, nous pouvons découvrir un chemin vers la guérison et la rédemption.*

26. Une victime d'inceste, une jeune femme du XXIe siècle, âgée de 25 ans, qui lutte pour surmonter les traumatismes et reconstruire sa vie.

Événement positif : elle trouve le courage de partager son histoire avec un thérapeute compatissant, ce qui marque le début d'un voyage vers la guérison et la résilience.

Événement négatif : elle est confrontée à l'incrédulité et au blâme de certains membres de sa famille, ce qui aggrave ses sentiments de honte et d'isolement.

Leçon de vie : même face à des expériences douloureuses et traumatisantes, il est possible de trouver la force de se relever et de se reconstruire. Il est essentiel de rechercher un soutien professionnel et une communauté de soutien pour aider à surmonter les épreuves.

Mots-clés de cet archétype : survie, résilience, reconstruction.

Possibles conséquences dans votre vie actuelle si la leçon n'a pas été intégrée : risque de souffrir de troubles mentaux et émotionnels chroniques, de difficultés relationnelles et de schémas de comportement autodestructeurs.

Antidote : intégrer la leçon en acceptant son passé, en se tournant vers des ressources de soutien professionnel et social, et en apprenant à se pardonner et à guérir progressivement.

Citation à méditer : « La guérison ne signifie pas que les blessures n'ont jamais existé. Cela signifie qu'elles ne contrôlent plus notre vie. » Inconnu

Ma guidance : *En trouvant le courage de chercher de l'aide et de s'entourer de soutien, même dans les moments les plus sombres, on peut trouver une voie vers la guérison et la renaissance.*

27. Un jeune homme dilettante du XIXe siècle, âgé de 30 ans, qui flirte avec de multiples passions sans jamais se consacrer pleinement à aucune.

Événement positif : il découvre une nouvelle passion pour la peinture et commence à créer des œuvres d'art étonnantes, attirant l'admiration de ses pairs.

Événement négatif : son manque de discipline et de concentration le conduit à abandonner la peinture pour se tourner vers une autre passion, la musique, puis vers la littérature, sans jamais parvenir à maîtriser aucune de ces disciplines.

Leçon de vie : l'exploration de diverses passions peut enrichir l'expérience humaine, mais le véritable épanouissement vient de l'engagement et de la persévérance dans une voie choisie.

Mots-clés de cet archétype : curiosité, superficiel, indécision.

Possibles conséquences dans votre vie actuelle si la leçon n'a pas été intégrée : risque de rester superficiel·le dans ses intérêts et ses engagements, de manque d'accomplissement personnel et de ne jamais réaliser son plein potentiel dans aucune sphère de la vie.

Antidote : intégrer la leçon en cultivant la discipline et la persévérance dans les passions choisies, en se concentrant sur le développement personnel et la maîtrise dans un domaine spécifique.

Citation à méditer : « Un homme peut être lui-même et s'engager pleinement dans la vie, ou il peut être superficiel et ne rien être. » Bruce Lee

Ma guidance : *En trouvant ce qui nous passionne vraiment et en y consacrant notre énergie et notre temps, nous pouvons atteindre des niveaux de maîtrise et de satisfaction personnelle qui sont inaccessibles autrement.*

28. Un exorciste dévoué du XXIe siècle, âgé de 40 ans, qui consacre sa vie à combattre les forces du mal et à libérer les âmes tourmentées de l'emprise des démons.

Événement positif : il réussit à libérer plusieurs personnes possédées et à apporter la paix à leur famille grâce à ses rituels d'exorcisme et à sa foi inébranlable.

Événement négatif : son obsession pour la lutte contre le mal le consume au point de négliger sa propre santé mentale et ses relations personnelles, le plongeant dans un isolement croissant.

Leçon de vie : la détermination à combattre le mal peut être noble, mais il est essentiel de trouver un équilibre entre cet engagement et les autres aspects de la vie, afin de préserver sa propre santé mentale et son bien-être.

Mots-clés de cet archétype : dévouement, obsession, équilibre.

Possibles conséquences dans votre vie actuelle si la leçon n'a pas été intégrée : risque de négliger sa santé mentale et ses relations personnelles en se concentrant exclusivement sur la lutte contre le mal, ce qui peut entraîner un épuisement professionnel et un sentiment d'isolement.

Antidote : intégrer la leçon en équilibrant son engagement pour la lutte contre le mal avec des activités de soins personnels et des interactions sociales saines, en se rappelant que prendre soin de soi-même est essentiel pour être efficace dans sa mission.

Citation à méditer : « Celui qui combat les monstres doit prendre garde de ne pas devenir lui-même un monstre. » Friedrich Nietzsche

Ma guidance : *Se consacrer à une mission noble est louable, mais il est également essentiel de prendre soin de soi-même et de cultiver des relations significatives pour maintenir un bien-être émotionnel et mental.*

29. UN PHILANTHROPE DU XXE SIÈCLE, ÂGÉ DE 50 ANS, QUI CONSACRE SA VIE À AIDER LES PLUS DÉMUNIE·E·S.

Événement positif : il fonde une organisation caritative qui transforme la vie de nombreuses personnes dans le besoin.

Événement négatif : son organisation est victime d'un scandale financier et il est injustement critiqué.

Leçon de vie : la générosité et la compassion peuvent apporter un réel changement, mais il faut rester intègre et faire face aux revers avec détermination.

Mots-clés de cet archétype : générosité, compassion, intégrité.

Possibles conséquences actuelles si la leçon n'a pas été intégrée : un excès de confiance dans la bonté des autres peut conduire à des désillusions et à une perte de foi en l'humanité, tandis que la peur de l'échec ou du jugement peut inhiber la volonté d'aider les autres.

Antidote : intégrer la leçon en reconnaissant que la générosité et la compassion sont des valeurs fondamentales, mais qu'il est également important de maintenir des limites saines et de faire preuve de discernement dans les actions philanthropiques.

Citation à méditer : « Le plus grand usage de la vie est de la dépenser pour quelque chose qui survivra à la vie. » William James

Ma guidance : *Continuez à répandre la bonté et la générosité, mais n'oubliez pas de protéger votre intégrité personnelle. Votre dévouement envers les autres est une source de lumière dans un monde souvent obscur, mais veillez également à ce que cette lumière brille également sur vous-même.*

30. Un érudit de la Renaissance, âgé de 50 ans, qui redécouvre et préserve des textes anciens.

Événement positif : il trouve un manuscrit rare qui contient des connaissances précieuses sur l'histoire antique.

Événement négatif : ses travaux sont censurés par les autorités religieuses de l'époque.

Leçon de vie : la préservation du savoir peut illuminer les esprits, mais il faut aussi faire face à la résistance et à l'opposition pour préserver la vérité.

Mots-clés de cet archétype : redécouverte, préservation, opposition.

Possibles conséquences actuelles si la leçon n'a pas été intégrée : une tendance à éviter les conflits et à se conformer aux normes établies peut limiter la capacité à exprimer librement ses idées et à poursuivre des passions intellectuelles. Une peur de la critique et de l'opposition peut entraver la créativité et l'innovation, et empêcher d'explorer de nouvelles idées et de contribuer au progrès.

Antidote : intégrer la leçon en développant un sens de la résilience et de la confiance en ses propres convictions. Apprendre à défendre ses idées de manière constructive et à trouver des moyens créatifs de contourner les obstacles peut libérer le potentiel intellectuel et contribuer à un changement positif dans le monde.

Citation à méditer : « La véritable ignorance n'est pas l'absence de connaissance, mais le refus de l'acquérir. » Karl Popper

Ma guidance : *N'ayez pas peur de défendre ce en quoi vous croyez, même si cela signifie affronter l'opposition. Cultivez la résilience et la détermination à poursuivre vos passions intellectuelles, sachant que chaque obstacle est une opportunité de croissance et d'affirmation de soi.*

31. Un rebelle lors de la Révolution française, âgé de 25 ans, qui s'engage pour l'égalité et la justice sociale.

Événement positif : il participe à la prise de la Bastille et contribue à renverser le régime monarchique.

Événement négatif : les divisions internes entre les factions révolutionnaires conduisent à une période de terreur et de violence.

Leçon de vie : la quête de la liberté et de l'égalité peut être complexe, mais il faut rester vigilant·e et éviter les excès.

Mots-clés de cet archétype : révolution, égalité, justice.

Possibles conséquences actuelles si la leçon n'a pas été intégrée : un sentiment de désillusion par rapport aux idéaux révolutionnaires et à la quête de justice sociale, ainsi qu'une méfiance envers les mouvements politiques et sociaux. Il peut y avoir une tendance à l'extrémisme ou à l'utopisme, ainsi qu'une difficulté à trouver un équilibre entre l'engagement pour les idéaux et la réalité politique.

Antidote : intégrer la leçon en cultivant un engagement éclairé et équilibré pour la justice sociale, en reconnaissant la complexité des enjeux politiques et en travaillant à des solutions pragmatiques et inclusives. Se rappeler que la quête de l'égalité et de la justice est un processus continu qui nécessite patience, persévérance et collaboration.

Citation à méditer : « La liberté n'est pas donnée, elle est conquise. » Voltaire

Ma guidance : *Soyez passionné·e dans votre engagement pour un monde plus juste et égalitaire, mais gardez toujours un esprit critique et ouvert. Reconnaissez les nuances et les compromis nécessaires dans tout processus de changement social, et travaillez avec les autres pour construire un avenir meilleur pour tou·te·s.*

32. UNE DANSEUSE FLAMENCO PASSIONNÉE DU DÉBUT DU XXE SIÈCLE, ÂGÉE DE 20 ANS, QUI TRANSMET DES ÉMOTIONS INTENSES À TRAVERS SA DANSE.

Événement positif : elle se produit sur scène devant une audience internationale et reçoit une standing ovation.

Événement négatif : elle subit une blessure grave qui met fin à sa carrière de danseuse professionnelle.

Leçon de vie : l'expression artistique peut toucher les âmes, mais il faut aussi accepter les revers et trouver de nouvelles voies pour exprimer sa passion.

Mots-clés de cet archétype : passion, expression artistique, résilience.

Possibles conséquences actuelles si la leçon n'a pas été intégrée : un sentiment de perte d'identité et de but, ainsi que des difficultés à trouver un moyen satisfaisant d'exprimer sa passion et ses émotions. Il peut y avoir une lutte avec le sentiment de regret et de tristesse pour la carrière artistique qui aurait pu être, ainsi qu'une recherche constante de validation extérieure pour compenser la perte de reconnaissance professionnelle.

Antidote : intégrer la leçon en reconnaissant que la véritable essence de l'art réside dans l'acte même de création et d'expression, plutôt que dans la reconnaissance extérieure ou le succès commercial. Cultiver une pratique artistique personnelle et authentique qui nourrit l'âme et apporte de la joie, indépendamment de la reconnaissance ou du succès financier. Accepter les revers comme des opportunités de croissance et de réinvention, et explorer de nouvelles avenues pour exprimer sa passion artistique.

Citation à méditer : « La danse, c'est la poésie du pied. » John Dryden

Ma guidance : *Votre passion artistique est une source infinie de joie et de connexion avec votre moi le plus profond. Même si les circonstances extérieures peuvent changer, votre capacité à créer et à exprimer reste toujours avec vous. Trouvez de la gratitude pour les moments passés sur scène et utilisez cette énergie pour nourrir votre créativité dans de nouveaux domaines. La danse de la vie est un voyage continu, et chaque pas est une opportunité de découvrir de nouvelles façons de vous exprimer et de vous épanouir.*

33. Un enseignant bien-aimé du XIXe siècle, âgé de 40 ans, qui inspire ses élèves à poursuivre leurs rêves.

Événement positif : il guide un jeune étudiant talentueux vers une carrière réussie dans les arts.

Événement négatif : il est injustement accusé de mauvaise conduite et perd son emploi.

Leçon de vie : l'éducation et l'inspiration peuvent façonner des vies, mais il faut aussi faire face à l'injustice et à la diffamation avec dignité.

Mots-clés de cet archétype : inspiration, éducation, dignité.

Possibles conséquences actuelles si la leçon n'a pas été intégrée : un sentiment d'amertume et de désillusion face aux injustices de la vie, ainsi qu'une tendance à se replier sur soi-même et à abandonner ses aspirations en raison de la peur des représailles et du jugement. Il peut y avoir une perte de confiance dans le système éducatif et dans la capacité à faire une différence dans la vie des autres, ce qui peut entraver le désir de poursuivre des passions et de réaliser des objectifs personnels.

Antidote : intégrer la leçon en cultivant la dignité et la résilience face à l'adversité. Reconnaître que l'éducation et l'inspiration sont des forces puissantes qui peuvent changer des vies, même en face d'obstacles et de défis. Se rappeler que faire preuve de dignité dans les moments difficiles est une marque de force intérieure et de caractère. S'engager à poursuivre ses aspirations malgré les obstacles et à continuer à inspirer les autres avec intégrité et détermination.

Citation à méditer : « L'éducation est l'arme la plus puissante que vous pouvez utiliser pour changer le monde. » Nelson Mandela

Ma guidance : *N'oubliez jamais le pouvoir de votre influence positive sur les autres, même lorsque vous faites face à des défis et à des revers. Votre dévouement à inspirer et à éduquer les autres est une contribution inestimable à la société et ne peut pas être éclipsé par les injustices temporaires que vous pourriez rencontrer. Restez fidèle à vos valeurs et continuez à incarner la dignité et la résilience dans toutes vos actions. Vous êtes un phare de lumière pour ceux·celles qui vous entourent, et votre impact se fait sentir bien au-delà des épreuves que vous rencontrez.*

34. Un alchimiste mystérieux de la Renaissance, âgé de 50 ans, qui cherche à transmuter le plomb en or.

Événement positif : il découvre une formule alchimique avancée qui a le potentiel de transformer la matière.

Événement négatif : ses travaux sont considérés comme hérétiques et il est persécuté par l'inquisition.

Leçon de vie : la quête de la connaissance peut être semée d'embûches, mais il est important de suivre sa passion et de persévérer malgré l'opposition.

Mots-clés de cet archétype : alchimie, transformation, persécution.

Possibles conséquences actuelles si la leçon n'a pas été intégrée : un sentiment de frustration et d'incompréhension face aux revers et à l'opposition rencontrés lors de la poursuite des objectifs personnels. Il peut y avoir une tendance à abandonner ses passions et à se replier sur soi-même par crainte du jugement et de la persécution. Les défis rencontrés dans le passé peuvent laisser des cicatrices émotionnelles qui entravent la capacité à prendre des risques et à poursuivre des aspirations audacieuses.

Antidote : intégrer la leçon en reconnaissant que la quête de savoir et de transformation personnelle peut être semée d'embûches, mais que la persévérance et la passion sont essentielles pour surmonter les obstacles. Se rappeler que chaque revers est une opportunité d'apprentissage et de croissance, et que le chemin vers la réalisation de soi est rarement linéaire. Cultiver la confiance en soi et la résilience intérieure pour faire face aux défis avec courage et détermination.

Citation à méditer : « La seule manière de découvrir les limites du possible est de s'aventurer un peu au-delà dans l'impossible. » Arthur C. Clarke

Ma guidance : *N'ayez pas peur de poursuivre vos passions et de suivre votre chemin, même lorsque vous rencontrez des obstacles. Votre quête de connaissance et de transformation est une source de pouvoir et de beauté qui transcende les jugements et les limitations imposées par autrui. Restez fidèle à votre vision et croyez en votre capacité à créer des changements significatifs dans votre vie et dans le monde qui vous entoure.*

35. Un architecte visionnaire de l'Antiquité, âgé de 40 ans, qui conçoit des structures monumentales.

Événement positif : il crée un chef-d'œuvre architectural qui inspire les générations futures.

Événement négatif : son œuvre est détruite par un tremblement de terre dévastateur.

Leçon de vie : la création peut être éternelle, mais il faut aussi accepter l'impermanence et laisser place à la nouveauté.

Mots-clés de cet archétype : créativité, vision, impermanence.

Possibles conséquences actuelles si la leçon n'a pas été intégrée : une tendance à s'accrocher au passé et à craindre le changement. Les revers passés peuvent susciter des sentiments de découragement et d'impuissance face à la création et à l'innovation. Il peut y avoir une résistance à embrasser de nouveaux projets ou à prendre des risques créatifs de peur de l'échec ou de la perte.

Antidote : intégrer la leçon en reconnaissant que la création et l'innovation sont des processus cycliques qui impliquent à la fois des réussites et des pertes. Comprendre que l'impermanence fait partie intégrante de la vie et que chaque destruction ou échec offre une opportunité de recommencer et de créer quelque chose de nouveau et de significatif. Cultiver une attitude de détachement par rapport aux résultats et un sentiment de résilience face aux changements inévitables.

Citation à méditer : « Dans chaque fin, il y a un nouveau début. » Proverbe romain

Ma guidance : *N'ayez pas peur de laisser aller le passé et de vous ouvrir aux nouvelles possibilités qui se présentent à vous. Votre créativité et votre vision sont des forces puissantes qui peuvent transcender les limitations du temps et de l'espace. Embrassez l'impermanence comme une opportunité de croissance et de renouveau, et laissez votre créativité vous guider vers de nouveaux horizons.*

36. Un médecin médiéval, âgé de 35 ans, qui soigne les malades et les blessé·e·s dans un contexte de guerre.

Événement positif : il développe un traitement innovant qui sauve de nombreuses vies sur le champ de bataille.

Événement négatif : il est accusé de sorcellerie et condamné à être brûlé sur le bûcher.

Leçon de vie : la compassion et la science peuvent apporter guérison et réconfort, mais il faut aussi faire face à l'ignorance et à l'intolérance.

Mots-clés de cet archétype : compassion, science, persécution.

Possibles conséquences actuelles si la leçon n'a pas été intégrée : un sentiment de frustration face à l'injustice et à l'intolérance. La peur de s'engager pleinement dans des actions altruistes par crainte de représailles ou de jugement. Des difficultés à faire confiance aux autorités ou à s'engager dans des domaines où la controverse ou la critique sont possibles.

Antidote : intégrer la leçon en reconnaissant que la compassion et la vérité scientifique sont des forces positives qui peuvent résister à l'oppression et à l'ignorance. Cultiver le courage d'agir en accord avec ses convictions, même dans des circonstances difficiles. Chercher des communautés et des environnements qui valorisent la compassion et la recherche de la vérité.

Citation à méditer : « La véritable mesure d'un homme n'est pas où il se trouve dans les moments de confort et de convenance, mais où il se trouve dans les moments de défi et de controverse. » Martin Luther King

Ma guidance : *Soyez fier· ère de votre compassion et de votre engagement envers la guérison et le bien-être des autres, même si cela signifie défier les normes établies. N'ayez pas peur de vous tenir debout pour ce en quoi vous croyez, car c'est ainsi que vous honorerez votre véritable héritage et contribuerez à créer un monde plus compatissant et éclairé.*

37. Un maître zen du Japon ancien, âgé de 50 ans, qui enseigne l'art de la méditation et de la tranquillité.

Événement positif : il guide de nombreux·ses disciples vers l'éveil spirituel et la paix intérieure.

Événement négatif : sa retraite paisible est perturbée par une invasion de guerriers et il est tué en défendant son temple.

Leçon de vie : la sagesse et la méditation peuvent apporter la sérénité, mais il faut aussi faire face à l'impermanence et à l'incertitude de la vie.

Mots-clés de cet archétype : sagesse, méditation, impermanence.

Possibles conséquences actuelles si la leçon n'a pas été intégrée : un sentiment de déséquilibre et d'instabilité face aux changements de la vie. Des difficultés à trouver la paix intérieure et à maintenir une pratique méditative régulière. Une tendance à s'accrocher au passé ou à craindre l'avenir, au lieu de vivre pleinement dans le moment présent.

Antidote : intégrer la leçon en cultivant la pleine conscience et en acceptant l'impermanence comme une partie naturelle de l'existence. Pratiquer la méditation régulièrement pour développer une connexion profonde avec le moment présent. Apprendre à lâcher prise et à embrasser le flux de la vie avec calme et sérénité.

Citation à méditer : « Ne résistez pas à ce qui vient. Laissez aller ce qui s'en va. Et observez, car tout revient finalement. » Lao-tseu

Ma guidance : *Honorez la sagesse du maître zen en trouvant la paix intérieure et la stabilité dans la méditation et la pleine conscience. Rappelez-vous que la seule constante dans la vie est le changement, et trouvez la force et la tranquillité d'esprit pour naviguer avec grâce à travers les vicissitudes de l'existence.*

38. Un chef cuisinier renommé du XVIIIe siècle, âgé de 45 ans, qui crée des plats exquis pour les élites de la société.

Événement positif : il ouvre son propre restaurant et remporte de nombreux prix pour sa cuisine innovante.

Événement négatif : son restaurant est détruit par un incendie et il perd tout son matériel et sa renommée.

Leçon de vie : la passion et le talent culinaire peuvent apporter la renommée, mais il faut également faire face à l'adversité et se relever.

Mots-clés de cet archétype : passion, talent culinaire, résilience.

Possibles conséquences dans votre vie actuelle si la leçon n'a pas été intégrée : un sentiment de découragement face aux revers professionnels ou personnels. Des difficultés à rebondir après des échecs ou des pertes importantes. Un manque de confiance dans ses propres compétences et talents.

Antidote : intégrer la leçon en cultivant la résilience et la persévérance face aux difficultés. Trouver de nouvelles façons d'exprimer sa passion pour la cuisine et de développer ses compétences. Apprendre à voir les revers comme des opportunités d'apprentissage et de croissance.

Citation à méditer : « La cuisine est une forme d'art. Chaque plat est une toile vierge, chaque ingrédient est une couleur, chaque geste est un pinceau. L'artiste est celui qui transforme ces éléments simples en chefs-d'œuvre. » Bernard Loiseau

Ma guidance : *Honorez la résilience du chef cuisinier renommé en trouvant la force de vous relever après les revers et en continuant à poursuivre votre passion avec détermination. Rappelez-vous que chaque échec est une opportunité de croissance et de transformation, et laissez votre créativité culinaire briller même dans les moments les plus sombres.*

39. Un défenseur des droits des animaux du XXIe siècle, âgé de 35 ans, qui lutte pour mettre fin à la cruauté envers les animaux.

Événement positif : il réussit à faire adopter des lois de protection des animaux plus strictes.

Événement négatif : il est la cible d'attaques et de menaces de la part de groupes opposés à sa cause.

Leçon de vie : la compassion envers les êtres vivants peut nécessiter de grands sacrifices, mais il est essentiel de rester déterminé·e et de défendre ses convictions.

Mots-clés de cet archétype : compassion, engagement, détermination.

Possibles conséquences dans votre vie actuelle si la leçon n'a pas été intégrée : un sentiment d'impuissance face aux injustices envers les animaux. Des conflits intérieurs entre ses convictions et la pression sociale ou les oppositions. Des difficultés à maintenir un engagement fort envers sa cause malgré les obstacles.

Antidote : intégrer la leçon en renforçant sa détermination à défendre les droits des animaux, en cherchant un soutien dans les communautés partageant les mêmes idées, et en développant des stratégies pour faire avancer sa cause de manière efficace tout en prenant soin de sa santé mentale.

Citation à méditer : « La grandeur d'une nation et son progrès moral peuvent être jugés par la manière dont ses animaux sont traités. » Mahatma Gandhi

Ma guidance : *Honorez la compassion du défenseur des droits des animaux en continuant à défendre avec force et détermination les êtres les plus vulnérables de notre planète. Restez fidèle à vos convictions, mais n'oubliez pas de prendre soin de vous et de vous entourer de soutien dans votre lutte pour un monde plus juste pour tous les êtres vivants.*

40. Un sage ermite du Moyen Âge, âgé de 60 ans, qui se retire dans les montagnes pour méditer et trouver l'illumination.

Événement positif : il atteint un état de sagesse profonde et éclaire de nombreux·ses disciples en quête de vérité.

Événement négatif : sa retraite paisible est perturbée par des conflits violents entre différentes factions.

Leçon de vie : la quête spirituelle peut conduire à la paix intérieure, mais il faut aussi faire face aux tumultes du monde et chercher la réconciliation.

Mots-clés de cet archétype : sagesse, méditation, retraite.

Possibles conséquences dans votre vie actuelle si la leçon n'a pas été intégrée : risque de se sentir déconnecté·e du monde extérieur et de ses réalités. Difficultés à trouver la paix intérieure en raison des conflits extérieurs. Tendance à se replier sur soi-même plutôt que d'affronter les défis de manière constructive.

Antidote : intégrer la leçon en cultivant la sagesse intérieure tout en restant ouvert·e aux défis et aux conflits du monde. Trouver un équilibre entre la recherche de la paix intérieure et l'engagement envers la résolution des conflits. Utiliser la méditation et la réflexion pour trouver des solutions pacifiques aux problèmes rencontrés.

Citation à méditer : « La paix vient de l'intérieur. Ne la cherchez pas à l'extérieur. » Bouddha

Ma guidance : *Honneur au sage ermite qui cherche la sagesse au sommet des montagnes. Souvenez-vous que la paix intérieure ne dépend pas des circonstances extérieures, mais de votre capacité à trouver l'harmonie en vous-même. Restez ouvert·e aux défis du monde et cherchez la réconciliation dans les moments de conflit.*

41. UN ATHLÈTE OLYMPIQUE DU XXIE SIÈCLE, ÂGÉ DE 30 ANS, QUI BAT DES RECORDS ET INSPIRE DES GÉNÉRATIONS DE SPORTIF·VE·S.

Événement positif : il remporte plusieurs médailles d'or olympiques et devient une icône du sport mondial.

Événement négatif : il subit une blessure grave qui met fin à sa carrière sportive et le pousse à trouver une nouvelle voie dans la vie.

Leçon de vie : l'excellence peut être gratifiante, mais il faut aussi apprendre à se réinventer et à trouver une nouvelle passion après un revers.

Mots-clés de cet archétype : performance, inspiration, compétition.

Possibles conséquences dans votre vie actuelle si la leçon n'a pas été intégrée : risque de s'identifier uniquement à ses réalisations passées et de ne pas trouver de satisfaction dans d'autres domaines de la vie. Peut entraîner des sentiments de perte d'identité et de dépression après la fin de la carrière sportive.

Antidote : intégrer la leçon en reconnaissant que le succès dans un domaine spécifique ne définit pas entièrement votre valeur en tant que personne. Explorer de nouveaux intérêts et passions pour trouver un nouveau but et un nouveau sens à la vie après la fin de la carrière sportive. Utiliser les compétences acquises dans le sport pour relever de nouveaux défis et inspirer les autres dans d'autres domaines de la vie.

Citation à méditer : « Ce n'est pas la chute qui compte, c'est le rebond. » Mary Pickford

Ma guidance : *Bravo à l'athlète olympique qui a dépassé ses limites pour inspirer le monde entier. N'oubliez pas que votre valeur réside dans bien plus que vos performances sportives. Cherchez à vous réinventer, à explorer de nouveaux horizons et à inspirer les autres dans votre prochaine aventure.*

42. UN ARTISTE DE RUE CONTEMPORAIN, ÂGÉ DE 25 ANS, QUI UTILISE SON ART POUR ÉGAYER LES ESPACES URBAINS ET SUSCITER LA RÉFLEXION.

Événement positif : ses œuvres d'art urbain gagnent en popularité et sont exposées dans des galeries prestigieuses.

Événement négatif : il est arrêté et condamné pour vandalisme, ce qui soulève un débat sur la frontière entre l'art et le vandalisme.

Leçon de vie : l'art peut être un moyen puissant d'expression et de transformation, mais il faut aussi composer avec les limites légales et sociales.

Mots-clés de cet archétype : créativité urbaine, expression artistique, contestation sociale.

Possibles conséquences dans votre vie actuelle si la leçon n'a pas été intégrée : risque de se heurter à des conflits avec les autorités ou la société en général en raison de méthodes d'expression artistique controversées. Peut entraîner des difficultés à trouver un équilibre entre l'expression artistique libre et le respect des lois et des normes sociales.

Antidote : intégrer la leçon en reconnaissant l'importance de l'art comme moyen de provoquer la réflexion et le changement, tout en respectant les lois et les normes sociales. Explorer différentes formes d'expression artistique qui permettent de transmettre un message sans enfreindre les règles établies. Collaborer avec des organisations ou des collectivités pour créer des œuvres d'art légitimes qui contribuent positivement à la société.

Citation à méditer : « L'art est rébellion, mais la rébellion n'est pas l'art. » Khalil Gibran

Ma guidance : *Il est crucial de se rappeler que la créativité doit être canalisée de manière à inspirer et à unir plutôt qu'à diviser. Trouvez des moyens légitimes et innovants de partager votre message avec le monde, et vous continuerez à éclairer les esprits et à égayer les cœurs.*

43. UN CHEF D'ENTREPRISE CHARISMATIQUE DES ANNÉES 1800, ÂGÉ DE 40 ANS, QUI CONSTRUIT UN EMPIRE COMMERCIAL À PARTIR DE RIEN, CRÉANT DES EMPLOIS ET GÉNÉRANT DE LA PROSPÉRITÉ.

Événement positif : son entreprise connaît un succès retentissant, apportant des avantages économiques à de nombreuses personnes et contribuant à la croissance de la société.

Événement négatif : il est accusé de pratiques commerciales déloyales et fait face à des poursuites judiciaires, remettant en question l'éthique de son succès.

Leçon de vie : l'entrepreneuriat peut apporter des opportunités, mais il faut aussi faire preuve d'intégrité et de responsabilité dans ses actions commerciales.

Mots-clés de cet archétype : leadership, entrepreneuriat, prospérité économique.

Possibles conséquences dans votre vie actuelle si la leçon n'a pas été intégrée : risque de compromettre votre réputation et votre succès en négligeant l'éthique commerciale et en favorisant le profit à tout prix. Peut entraîner des conflits avec la loi, des litiges commerciaux et une perte de confiance de la part des employé·e·s, des client·e·s et de la société en général.

Antidote : intégrer la leçon en reconnaissant l'importance de l'éthique et de la responsabilité dans les affaires. Adopter des pratiques commerciales transparentes et éthiques, et veiller à ce que votre succès soit aligné sur des valeurs morales et sociales élevées. Investir dans le bien-être de vos employé·e·s, de vos client·e·s et de la communauté dans son ensemble pour créer un impact positif et durable.

Citation à méditer : « Les vrais entrepreneurs sont ceux qui résolvent activement les problèmes, qui explorent et découvrent des opportunités dans le monde qui les entoure. » Vivek Wadhwa

Ma guidance : *L'histoire du chef d'entreprise charismatique souligne l'importance de la responsabilité et de l'éthique dans les affaires. Votre succès ne doit pas seulement être mesuré par vos réalisations financières, mais aussi par l'impact positif que vous avez sur les personnes et les communautés que vous servez. En cultivant l'intégrité et la transparence dans vos activités commerciales, vous édifiez non seulement un empire prospère, mais aussi un héritage durable de confiance et de respect.*

44. Un mendiant humble des rues médiévales, âgé de 50 ans, qui survit au jour le jour en tendant la main aux passant·e·s dans l'espoir d'avoir quelques pièces de monnaie.

Événement positif : un généreux citoyen lui offre un repas chaud et un abri pour la nuit, lui redonnant foi en l'humanité et lui permettant de retrouver un peu de dignité.

Événement négatif : il est injustement accusé de vol par des gardes de la ville et se retrouve emprisonné dans des conditions inhumaines.

Leçon de vie : la vie peut être dure pour ceux·celles qui sont démuni·e·s, mais la bonté et la compassion peuvent éclairer même les moments les plus sombres. Cela nous rappelle également l'importance de ne pas juger les autres sans connaître leur histoire et leurs luttes.

Mots-clés de cet archétype : humilité, résilience, solidarité.

Possibles conséquences dans votre vie actuelle si la leçon n'a pas été intégrée : risque de perdre de vue l'humanité et de se couper de la compassion envers les plus vulnérables de la société. Peut entraîner un sentiment de vide et d'isolement, ainsi que des conflits avec la justice et la communauté.

Antidote : intégrer la leçon en reconnaissant la valeur de chaque individu, quelle que soit sa situation. Chercher des moyens de tendre la main et d'aider ceux·celles qui sont dans le besoin, même de manière modeste. Cultiver l'empathie et la solidarité envers les personnes marginalisées ou défavorisées.

Citation à méditer : « Le vrai bonheur se trouve dans le service désintéressé aux autres. » Mahatma Gandhi

Ma guidance : *L'histoire du mendiant humble nous rappelle que même dans les situations les plus précaires, il y a de la lumière et de l'espoir à trouver. En pratiquant la compassion et la générosité envers ceux·celles qui sont dans le besoin, nous enrichissons non seulement leur vie, mais aussi la nôtre. En fin de compte, la solidarité et l'empathie sont les véritables fondations d'une société juste et bienveillante.*

Les vies de personnages célèbres et les messages cachés de l'âme

Un expérience commune

L'expérience de se voir dans des vies de personnages célèbres ou historiques lors d'une exploration karmique, que ce soit à travers l'hypnose ou d'autres méthodes, peut être assez commune, et cela pour plusieurs raisons.

IDENTIFICATION/RÉSONANCE ÉMOTIONNELLE

Les personnages célèbres ou historiques ont souvent vécu des expériences intenses ou des événements marquants qui résonnent émotionnellement avec les individus.
Se voir dans la peau d'un personnage célèbre peut être une manière pour l'inconscient de symboliser des aspects de notre propre histoire ou de notre propre personnalité.

SYMBOLISME ARCHÉTYPAL

Certains personnages célèbres ou historiques représentent des archétypes universels qui résonnent avec l'inconscient collectif. Par exemple, se voir dans le rôle d'un héros mythologique ou d'une figure historique puissante peut refléter des aspects de force, de courage ou de leadership que l'individu cherche à développer ou à explorer.

FACILITATION DE L'IMAGINATION

Se projeter dans la peau d'un personnage célèbre peut faciliter l'imagination et la visualisation lors d'une séance d'exploration karmique. Ces personnages ont souvent des histoires riches et complexes qui peuvent servir de cadre narratif pour explorer les expériences passées ou les blocages inconscients, pour passer des messages ou simplement pour être plus à l'aise dans l'exploration.

Mode d'emploi

Comme précédemment avec les archétypes d'histoires, laissez-vous emporter et voir avec quel personnage vous sentez une plus grande proximité, voire de qui vous avez déjà rêvé…

Faites confiance à votre intuition et à vos ressentis corporels : avec un pendule, des baguettes ou tout simplement votre esprit !

Les personnages et leurs messages

Voici une liste de personnages historiques célèbres, avec leurs correspondances symboliques, les désirs inconscients associés et les messages cachés de l'âme.

MARIE CURIE

- Symboles : découverte, travail en couple, compréhension scientifique
- Désirs inconscients : soif de connaissance, désir de collaborer, curiosité intellectuelle
- Message de l'âme : *Persévère dans la quête de la vérité, travaille en harmonie avec d'autres esprits brillants, sois courageux·se dans tes recherches.*

NELSON MANDELA

- Symboles : liberté, justice, réconciliation
- Désirs inconscients : lutte pour la justice, recherche de liberté, volonté de pardonner
- Message de l'âme : *Reste fort·e dans tes convictions, sois un leader pour le changement, cherche la réconciliation et le pardon même dans l'adversité.*

ALBERT EINSTEIN

- Symboles : intelligence, génie, théorie de la relativité
- Désirs inconscients : compréhension de l'Univers, recherche de la vérité, désir de transcender les limites
- Message de l'âme : *Explore les mystères de l'Univers, recherche la vérité avec humilité, crois en la puissance de l'esprit.*

JEANNE D'ARC

- Symboles : courage, foi, détermination
- Désirs inconscients : volonté de combattre pour une cause juste, foi inébranlable, désir de défendre les opprimé·e·s
- Message de l'âme : *Sois courageux·se dans l'adversité, crois en ta mission divine, défends tes convictions avec détermination.*

MAHATMA GANDHI

- Symboles : non-violence, paix, résistance passive
- Désirs inconscients : recherche de la paix, désir de justice, volonté de changement pacifique
- Message de l'âme : *Cultive la paix intérieure, lutte pour la justice sans recourir à la violence, sois le changement que tu veux voir dans le monde.*

WILLIAM SHAKESPEARE

- Symboles : créativité, génie littéraire, exploration de l'âme humaine
- Désirs inconscients : expression artistique, exploration de la condition humaine, désir d'immortalité
- Message de l'âme : *Exprime-toi librement, explore les profondeurs de l'âme humaine à travers l'art, laisse un héritage durable à travers tes œuvres.*

LÉONARD DE VINCI

- Symboles : génie polymathe, créativité, curiosité insatiable
- Désirs inconscients : exploration de toutes les connaissances, désir de créer, curiosité infinie
- Message de l'âme : *Cultive ta créativité, explore toutes les dimensions de la connaissance, laisse libre cours à ta curiosité insatiable.*

MARTIN LUTHER KING

- Symboles : égalité, justice, droits civiques
- Désirs inconscients : lutte pour l'égalité, désir de justice, aspiration à un monde meilleur
- Message de l'âme : *Lutte pour l'égalité avec courage et détermination, sois un phare de lumière dans les ténèbres, continue à rêver d'un monde meilleur.*

MARILYN MONROE

- Symboles : séduction, glamour, vulnérabilité
- Désirs inconscients : recherche d'amour et d'acceptation, désir de briller, vulnérabilité cachée
- Message de l'âme : *Trouve confiance en toi-même, cherche l'amour authentique, embrasse ta vulnérabilité comme une force.*

MÈRE TERESA

- Symboles : compassion, dévouement, service désintéressé
- Désirs inconscients : compassion pour les autres, désir de soulager la souffrance, engagement envers le service
- Message de l'âme : *Cultive la compassion pour tous les êtres, consacre ta vie au service désintéressé, soit une source de réconfort pour les autres.*

JULES CÉSAR

- Symboles : pouvoir, conquête, tragédie
- Désirs inconscients : ambition, désir de domination, quête de gloire
- Message de l'âme : *Utilise le pouvoir avec sagesse, évite l'hubris, apprends des leçons de l'histoire pour éviter la tragédie.*

ADOLF HITLER

- Symboles : tyrannie, haine, mal
- Désirs inconscients : domination, désir de puissance, haine de l'autre
- Message de l'âme : *Apprends des conséquences de la haine et de la tyrannie, cherche à guérir les blessures du passé, lutte contre l'obscurité avec lumière et amour.*

MARIE-ANTOINETTE

- Symboles : luxe, extravagance, révolution
- Désirs inconscients : recherche de plaisir, désir de liberté, insouciance face à la réalité
- Message de l'âme : *Cultive la simplicité et l'humilité, partage tes richesses avec ceux·celles qui en ont besoin, sois conscient·e des conséquences de tes actions.*

ANNE FRANK

- Symboles : résilience, courage, témoignage
- Désirs inconscients : lutte pour la survie, désir de justice, expression de la vérité
- Message de l'âme : *Reste courageux·se dans l'adversité, témoigne de la vérité même dans les moments sombres, sois une lumière dans les ténèbres de l'oppression.*

VINCENT VAN GOGH

- Symboles : art, folie, créativité
- Désirs inconscients : expression artistique, exploration de l'âme, lutte contre la douleur intérieure
- Message de l'âme : *Exprime-toi librement à travers l'art, explore les profondeurs de l'âme humaine, transforme la douleur en beauté.*

CLÉOPÂTRE

- Symboles : pouvoir, séduction, ambition
- Désirs inconscients : quête de pouvoir, désir d'influence, besoin de contrôle
- Message de l'âme : *Utilise ton charisme pour unir, sois conscient·e du pouvoir de ton influence, cherche à gouverner avec sagesse et compassion.*

NAPOLÉON BONAPARTE

- Symboles : conquête, empire, ambition
- Désirs inconscients : volonté de dominer, désir de grandeur, aspiration à l'immortalité
- Message de l'âme : *Utilise ton pouvoir pour le bien commun, soit conscient·e des conséquences de tes actions, recherche la grandeur à travers la compassion et la justice.*

REINE ÉLIZABETH I[RE] OU II

- Symboles : pouvoir, règne, renaissance
- Désirs inconscients : volonté de gouverner, désir de stabilité, aspiration à la grandeur

- Message de l'âme : *Utilise ton pouvoir pour le bien commun, cherche la stabilité à travers le leadership fort, laisse un héritage durable de paix et de prospérité.*

ROSA PARKS

- Symboles : résistance, justice, égalité
- Désirs inconscients : volonté de lutter contre l'injustice, désir d'égalité, courage face à l'oppression
- Message de l'âme : *Lutte pour la justice avec détermination, sois un phare de lumière dans les ténèbres de l'oppression, crois en un avenir meilleur pour tou·te·s.*

LUCY (FEMME PRÉHISTORIQUE)

- Symboles : origine de l'humanité, évolution, découverte archéologique
- Désirs inconscients : connexion avec nos ancêtres, curiosité sur nos origines, compréhension de l'évolution humaine
- Message de l'âme : *Honore tes racines, explore les mystères de l'humanité, cherche à comprendre ton lien avec le passé pour façonner l'avenir.*

WALT DISNEY

- Symboles : imagination, créativité, magie
- Désirs inconscients : expression artistique, désir de divertir, exploration de mondes imaginaires
- Message de l'âme : *Libère ton imagination, crée des mondes magiques, partage la joie avec les autres à travers tes œuvres.*

COCO CHANEL

- Symboles : mode, style, indépendance féminine
- Désirs inconscients : créativité dans le design, désir de liberté, émancipation des normes sociales
- Message de l'âme : *Exprime-toi à travers ton style unique, cherche la beauté dans la simplicité, inspire les autres à être eux·elles-mêmes.*

SIMONE DE BEAUVOIR

- Symboles : féminisme, existentialisme, liberté
- Désirs inconscients : égalité des sexes, exploration de la condition féminine, quête de liberté intellectuelle et sociale
- Message de l'âme : *Revendique ton autonomie, lutte pour l'égalité, inspire les autres à vivre authentiquement.*

JÉSUS DE NAZARETH

- Symboles : spiritualité, compassion, enseignement
- Désirs inconscients : spiritualité profonde, compassion pour l'humanité, désir de guider et d'enseigner
- Message de l'âme : *Incarne l'amour inconditionnel, partage la sagesse spirituelle, guide les autres sur le chemin de la vérité et de la lumière.*

BOUDDHA

- Symboles : éveil, compassion, non-attachement
- Désirs inconscients : recherche de l'illumination, compassion pour tous les êtres, libération de la souffrance
- Message de l'âme : *Cultive la paix intérieure, répands la compassion, guide les autres sur le chemin de la libération spirituelle.*

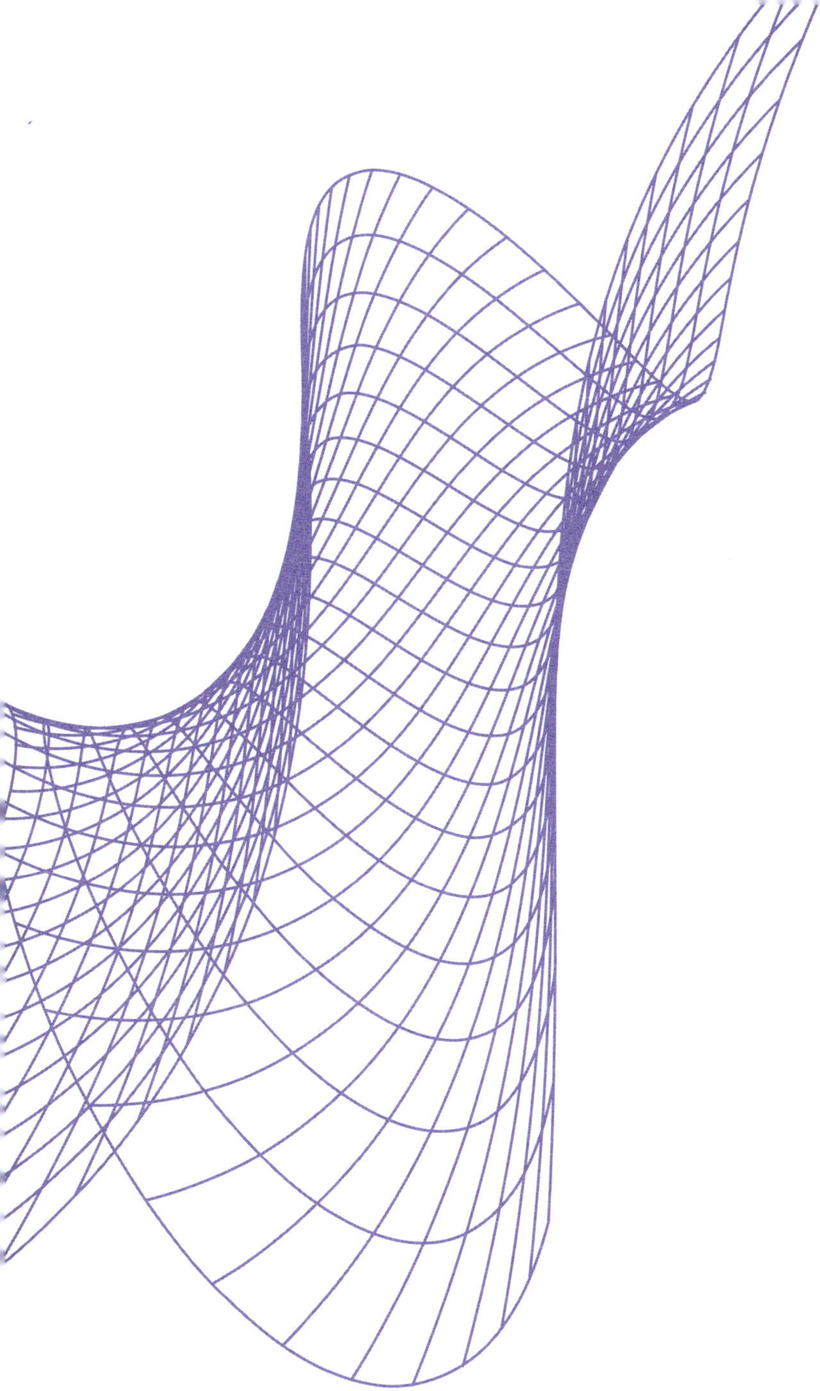

PARTIE 4

PROTOCOLES DE LIBÉRATION KARMIQUE

Maintenant que vous avez identifié mémoires et perturbations, qu'elles ont peut-être déjà provoqué des prises de conscience, vous ont permis de faire des liens avec votre vie actuelle, il est temps de vous en libérer ! À travers différentes méthodes, outils et protocoles, je vous propose d'aller vers plus de joie pour revenir pleinement et allégé·e dans l'instant présent, débarassé·e des entraves karmiques !

Protocole simple d'autohypnose karmique

Si vous êtes déjà dans la pratique de la méditation ou de l'hypnose, cela sera très facile pour vous de vous connecter aux annales akashiques via l'autohypnose. Un imaginaire développé, ou encore une médiumnité avancée, peuvent vous aider également. Si vous n'en avez pas l'habitude, il est toujours possible de l'apprendre !

Pour entreprendre ce protocole d'autohypnose karmique, je vous propose plusieurs étapes : bonne enquête !

Préparez un espace sacré

Choisissez un lieu calme et paisible où vous vous sentez à l'aise. Disposez des bougies, des cristaux ou des objets qui inspirent la tranquillité.

Créez une intention

Formulez une intention claire et sincère pour la libération karmique. Exprimez votre désir de guérison, de libération des chaînes du passé.

Relaxation et respiration

Installez-vous confortablement et commencez à respirer profondément. Laissez votre corps se détendre et votre esprit se calmer.

Visualisation

Visualisez un autel sacré devant vous, orné des éléments que vous avez choisis.
Imaginez une lumière dorée qui vous enveloppe, vous entoure de protection et vous guide dans ce processus.

Invocation

Appelez vos guides spirituels, anges, ou toute énergie bienveillante qui vous accompagnera dans cette libération. Demandez leur soutien et leur guidance.

Exploration

Laissez votre esprit s'ouvrir aux souvenirs et aux émotions qui émergent. Observez les images, les sensations et les scènes qui se présentent à vous.

Soyez attentif·ve aux messages et aux enseignements qu'ils portent.

Pardon et libération

En identifiant les blessures et les charges karmiques, offrez le pardon à tou·te·s les acteur·rice·s impliqué·e·s, y compris à vous-même.
Laissez les énergies négatives se dissoudre, transformées par votre amour et votre compassion.

Reconnexion et guérison

Ressentez la guérison s'écouler à travers votre être. Imaginez une lumière blanche ou une énergie bienfaisante qui vous purifie, vous régénère et vous libère de toutes entraves karmiques.

Ancrage

Ramenez votre attention à votre corps physique, à la réalité présente.

Ressentez la stabilité de la terre sous vos pieds. Prenez conscience de votre être ici et maintenant.

Gratitude et clôture

Exprimez votre gratitude envers les énergies qui vous ont accompagné·e. Remerciez-vous pour votre courage et votre volonté de vous libérer. Prenez quelques instants pour ressentir la paix et la légèreté qui émanent de votre être.

> CONSEIL
>
> Ce protocole de libération karmique vous offre un espace pour explorer, comprendre et guérir les blessures et les schémas du passé. Rappelez-vous que chaque personne est unique, donc adaptez-le selon votre intuition et vos besoins. Écoutez-vous et respectez votre rythme dans ce processus de libération.

Protocole de Ho'oponopono karmique

Le Ho'oponopono (*ho-o-pono-pono*, parfois traduit en « remettre les choses en ordre » ou « rétablir l'équilibre ») est une tradition sociale et spirituelle de repentir et de réconciliation des ancien·ne·s Hawaïen·ne·s. Des coutumes identiques de thérapie familiale se retrouvent aussi dans toute la région de l'océan Pacifique.

Le Ho'oponopono traditionnel était dirigé par un ou une *kahuna lā 'au lapa 'au* (prêtre·sse, guérisseur·sseuse) pour guérir les maladies physiques ou psychiques au sein des groupes familiaux.

La plupart des versions modernes sont conçues de telle façon que chacun·e puisse le faire seul·e.

Sa pratique est souvent réduite à la répétition de la phrase suivante : « Je suis désolé·e, s'il te plaît, pardonne-moi, je t'aime, merci. » En réalité, elle est plus subtile et son sens est plus profond...

Voici mon protocole à écrire (et à envoyer symboliquement) ou à réciter...

- Prenez un moment pour vous centrer : trouvez un endroit calme où vous vous sentez à l'aise. Fermez les yeux et respirez profondément pour vous détendre.
- Identifiez les perturbations karmiques : prenez conscience des schémas karmiques et des blocages qui sont présents dans votre vie actuelle. Reconnaissez les différentes perturbations karmiques qui ont pu être transmises à travers vos précédentes incarnations ou vies antérieures.
- Récitez les phrases de pardon et de libération : répétez intérieurement ou à voix haute les phrases suivantes, en vous connectant à l'énergie de pardon et de libération :

  « Je pardonne à mes précédentes incarnations/vies antérieures de ne pas avoir fait leur deuil de certaines disparitions. »

  « Je pardonne à mes précédentes incarnations/vies antérieures d'avoir caché des choses aux suivantes. »

  « Je pardonne à mes précédentes incarnations/vies antérieures d'avoir commis des actes qui n'étaient que des expériences d'apprentissage. »

  « Je pardonne à mes précédentes incarnations/vies antérieures de ne pas avoir été parfaitement alignées avec les lois de la vie, d'avoir fait ce qu'elles ont pu et qui a parfois été jugé insuffisant. »

  « Je pardonne à mes précédentes incarnations/vies antérieures d'avoir reproduit des schémas qui n'étaient pas salutaires pour elles ni pour les incarnations suivantes. »

« Je pardonne à mes précédentes incarnations/vies antérieures d'avoir transmis des blessures, des croyances limitantes, des mémoires douloureuses, des charges karmiques. »

« Je pardonne à mes précédentes incarnations/vies antérieures d'avoir commis des actes en contradiction avec les lois de la vie, d'avoir enfreint les règles de l'amour universel. »

« Je ne les juge pas car je ne suis pas juge. »

« Je renvoie dans l'Univers cette magnifique énergie de guérison et de transformation, permettant la libération des charges karmiques et la guérison de mes précédentes incarnations/vies antérieures. »

« Je me fais ce cadeau de pardonner à toutes mes précédentes incarnations/vies antérieures, car elles méritent cet allègement pour l'évolution de leur âme et la libération de leurs expériences. »

« Je suis, ici et maintenant, le·la messager·ère de la lumière et de la guérison, et je demande à chaque conscience de se pardonner, de se libérer des schémas karmiques limitants et d'évoluer vers une vie plus alignée avec les lois universelles. »

« J'appelle toutes mes précédentes incarnations/vies antérieures à accepter d'être en mouvement, d'être des consciences libres et créatrices, au-delà du jugement, d'être souveraines et je leur pardonne d'avoir parfois oublié ou cru le contraire. »

« Je pardonne à mon être incarné actuel et ainsi je le remercie de sa présence et de son rôle dans cette expérience karmique. »

« J'aime mon être incarné actuel car je m'aime. Je le remercie d'accepter cet acte de réconciliation, de retrouvailles, d'éclairage et de renforcement, permettant la clarté de ma place dans cette expérience karmique libérée de ses entraves. »

« Que la lumière de la guérison et de la transformation pénètre toutes les strates de mes précédentes incarnations/vies antérieures, dissipant les charges karmiques et ouvrant les portes de l'évolution. »

« Je demande à chaque conscience de mes précédentes incarnations/vies antérieures de se pardonner, de se libérer et de s'élever vers une vie plus alignée avec l'amour universel et la réalisation de son plein potentiel. »

« Que la libération karmique soit totale, que les leçons soient intégrées et que les bénédictions se répandent sur toutes les dimensions de mon être et au-delà, pour le bien de tou·te·s. »

Prenez le temps nécessaire pour réciter ces phrases avec intention et sincérité, en visualisant la libération des charges karmiques et en permettant à l'énergie de guérison d'opérer dans votre être.

Actes symboliques ou psychomagiques de libération karmique

Les actes symboliques ou psychomagiques sont des rituels thérapeutiques conçus pour provoquer des changements psychologiques et émotionnels chez une personne. Popularisés par l'artiste et thérapeute Alejandro Jodorowsky, ces actes reposent sur l'idée que le subconscient réagit plus fortement aux symboles et aux gestes qu'aux mots rationnels. En exécutant un acte symbolique, souvent en réponse à un problème spécifique, l'individu matérialise ses émotions et ses conflits intérieurs, permettant ainsi de les comprendre et de les résoudre.

Voici 20 exemples d'actes symboliques ou psychomagiques de libération karmique :

Rituel du feu

Écrivez sur un morceau de papier les charges karmiques que vous souhaitez libérer. Brûlez le papier dans un bol ou un récipient résistant au feu, visualisant que les énergies négatives sont transmutées par les flammes et libérées.

Cérémonie de l'eau

Remplissez un récipient d'eau pure et chargez-la d'intention de libération karmique. Lavez-vous les mains et le visage avec cette eau en visualisant qu'elle purifie et libère les attaches karmiques.

Méditation de la lumière

Installez-vous confortablement et visualisez-vous entouré·e d'une lumière blanche et brillante.
Ressentez cette lumière pénétrer chaque cellule de votre être, dissolvant les charges karmiques et vous libérant de leur emprise.

Danse de libération

Choisissez une musique rythmée et laissez votre corps se mouvoir librement. Exprimez vos émotions et ressentez comment la danse vous aide à libérer les énergies stagnantes et les schémas karmiques.

Lettres de pardon

Écrivez des lettres de pardon à vous-même, à des personnes de votre passé ou à des âmes avec lesquelles vous avez des liens karmiques. Exprimez votre pardon sincère et votre désir de libération.
Vous pouvez les brûler symboliquement ou les conserver en signe de transformation.

Cercle de guérison

Organisez un cercle de guérison avec des ami·e·s ou des proches.
Partagez vos expériences karmiques et créez un espace de soutien mutuel

pour vous libérer des schémas répétitifs.
Partagez des intentions de guérison et offrez-vous mutuellement des bénédictions de libération.

Création d'un talisman

Fabriquez un talisman symbolisant votre intention de libération karmique. Utilisez pour cela des matériaux tels que des pierres, des perles, des symboles ou des objets significatifs pour vous.
Portez-le sur vous ou placez-le dans un endroit spécial pour vous rappeler votre engagement envers votre libération.

Acte de réparation

Identifiez une action ou un comportement passé qui a causé du tort à autrui. Prenez des mesures concrètes pour réparer cette situation, que ce soit en vous excusant sincèrement, en offrant une aide ou en faisant une bonne action envers ceux·celles qui ont été affecté·e·s.

Rituel de coupure des liens

Utilisez un couteau symbolique ou imaginez-vous coupant des liens énergétiques avec des personnes, des situations ou des schémas karmiques qui vous retiennent. Visualisez ces liens se dissoudre et sentez-vous libre !

Cérémonie de libération par le son

Utilisez des instruments de musique tels que des bols tibétains, des cloches ou des tambours pour créer des vibrations sonores.
Jouez de ces instruments autour de votre corps, en visualisant que les sons pénètrent chaque cellule et libèrent les blocages karmiques.

Rituel de purification

Utilisez des herbes sacrées comme la sauge, le palo santo ou le copal pour purifier votre espace de vie.
Faites brûler ces herbes et laissez la fumée envelopper votre corps, en demandant la libération des énergies karmiques indésirables.

Création d'un autel de libération

Configurez un autel sacré avec des objets qui représentent votre intention de libération karmique. Incluez des éléments tels que des cristaux de guérison, des bougies, des images symboliques ou des écrits significatifs.
Rendez hommage à cet autel régulièrement en offrant vos prières et intentions de libération.

Écriture cathartique

Prenez un cahier ou un journal et écrivez librement vos pensées, émotions et ressentis liés à vos schémas karmiques. Laissez les mots couler sans jugement ni censure.
Cette pratique permet d'exprimer et de libérer les charges émotionnelles liées à votre karma.

Cérémonie du pardon

Organisez une cérémonie du pardon où vous invitez des personnes impliquées dans vos vies passées ou actuelles.
Partagez vos ressentis, exprimez vos pardons et offrez-vous mutuellement des bénédictions de libération.

Travail avec les archétypes

Identifiez les archétypes qui sont liés à vos schémas karmiques et engagez-vous dans des pratiques spécifiques pour les libérer.
Par exemple, si vous êtes lié·e à l'archétype du martyr, travaillez sur l'établissement de limites saines et l'expression de vos besoins.

Rituels de libération des ancêtres

Honorez vos ancêtres en organisant des rituels spéciaux de libération pour eux·elles.
Faites des offrandes, récitez des prières ou réalisez des gestes symboliques pour libérer les liens karmiques et permettre à vos ancêtres de trouver la paix.

Visualisation de la transformation

Pratiquez la visualisation en vous imaginant sous la forme d'un être lumineux et puissant.
Visualisez-vous brisant les chaînes du karma, laissant derrière vous les schémas limitants et vous élevant vers une existence libérée et épanouie.

Cérémonie de gratitude

Créez une cérémonie spéciale où vous exprimez votre gratitude pour les leçons apprises à travers vos vies antérieures et les schémas karmiques que vous avez transformés.
Célébrez votre parcours de libération et invitez l'énergie de gratitude à continuer de vous guider vers une vie plus équilibrée.

Pratique régulière de méditation

Engagez-vous dans une pratique régulière de méditation pour vous connecter à votre sagesse intérieure et libérer les schémas karmiques.
Utilisez des méditations spécifiques axées sur la guérison karmique, la libération des attachements et la transformation des énergies négatives.

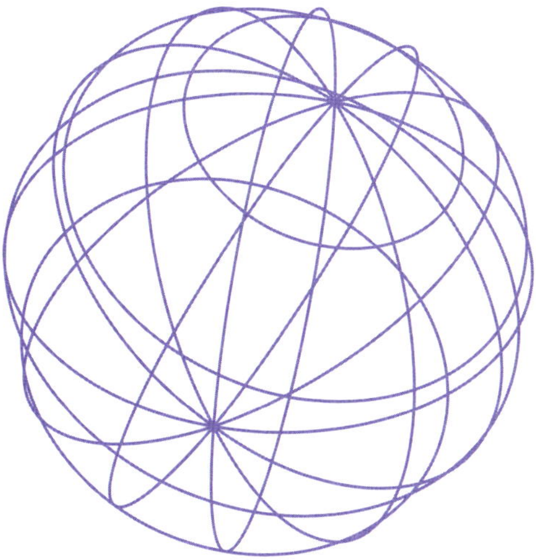

Soin de libération des mémoires de « sorcières »

Voici une canalisation à lire en conscience : c'est un protocole de libération des mémoires de sorcières, de sorciers, de chamanes, d'herboristes ou tout simplement d'hommes et de femmes ayant été accusé·e·s de sorcellerie, de magie noire, de divers méfaits.

Derrière ces dénominations ésotériques, il y a aussi une libération de toutes les croyances liées au féminin et au masculin, aux hiérarchies, à la domination et à la violence. Symboliquement, ce texte libère BIEN PLUS que des mémoires de « sorcières », il nous libère toutes et tous de nombreuses blessures, et pas seulement de vies antérieures…

On ne peut pas résumer un être à ce qu'il est physiquement, certaines femmes ont été accusées de sorcellerie parce qu'elles avaient les cheveux longs, on a toujours trouvé des excuses, des façons d'accuser, des prétextes. On ne peut pas résumer quelqu'un à son apparence physique, si une personne paraît riche ou pauvre, si une personne paraît mystérieuse, sévère, dangereuse. On ne peut pas juger une personne par ce qu'elle fait, car, avec les mêmes ingrédients, on peut donner la vie ou tuer. Avec certains champignons on peut manger ou donner la mort. Avec certaines baies on peut faire des gâteaux ou empoisonner. On ne peut juger les personnes sur ce qu'elles font ou sur ce qu'elles ont car c'est avant tout l'intention, c'est votre intention qui est créatrice.

C'est l'intention qui fait, ce n'est pas vous. C'est l'intention que vous avez qui fait que vous aurez un effet. Tout dépendra de cette intention. Avec un couteau on peut sculpter, on peut cuisiner mais aussi on peut tuer ou opérer.

Dans l'histoire à l'intérieur de vous, dans vos cellules, sont inscrites plusieurs mémoires, mais plus que certaines mémoires, ce sont plusieurs croyances que vous avez ici aussi dans cette vie, qui se sont incrustées, qui sont venues comme renforcer certaines blessures énergétiques ou certaines mémoires et se sont imprimées dans vos tissus.

Ainsi pour libérer votre potentiel, vos capacités, qui vous êtes vraiment en fait, ce que vous pouvez faire vraiment, pour libérer toute cette matière lumineuse qui fait que vous pouvez créer la vie, il faut être en accord, en harmonie avec vos intentions.

Oui, vous pourrez toujours malmener cette matière, ou vous pourrez toujours être sur le bord, sur le fil du rasoir. Oui, vous pourrez toujours faire le mal mais est-ce pour autant votre intention ? Se peut-il qu'un jour ce soit votre intention ? Est-ce que cela a déjà été votre intention ? Si vous répondez plutôt non à ces trois questions, autorisez-vous à libérer ce potentiel.

C'est comme de vieilles blessures, parfois vous vous habituez à marcher sur une cheville un peu fragile, à avoir certaines douleurs, même à ce que certaines migraines reviennent, et puis vous trouvez des excuses, vous vous dites que c'est normal, que ce n'est pas grave. C'est déjà une façon de refuser votre perfection. Vous avez déjà cette croyance des plus largement partagées que la souffrance est quelque chose de normal, que ce n'est pas grave de souffrir un peu, que c'est normal que ce corps soit lourd, que finalement vous ne méritez pas vraiment d'être en bonne santé en permanence, en pleine possession de vos moyens, de votre souveraineté, de votre plein potentiel, de votre pleine lumière, de votre plein amour.

Non, vous pensez que c'est un objectif, que c'est un but à atteindre, vous remettez ça à plus tard, vous vous dites que c'est compliqué, qu'il y a du travail, qu'il y a beaucoup de choses à faire, beaucoup de choses à comprendre, beaucoup de choses à nettoyer plutôt que décider qu'ici et maintenant vous pansez vos blessures anciennes, vous vous expansez.

Vous vous abreuvez de cette fontaine de jouvence, de cet absolu, de ce que vous êtes plutôt que de transformer ce que vous êtes en quête. Non, vous êtes ici et maintenant capable d'inverser la totalité, de vous retrouver dans un état d'amour, d'exploser les structures, maillages, manipulations, inversions, qui font le non-amour, qui empêchent ce que vous êtes ici et maintenant déjà profondément, cet état d'être.

L'amour n'est pas un objectif, le bonheur n'est pas un objectif, la joie n'est pas un objectif. Si vous croyez que c'est un objectif, vous êtes déjà dans le non-amour, vous remettez à plus tard, vous refusez son accessibilité.

Ce refus est profond car il provient de vies antérieures successives, de couches sédimentaires qui viennent aggraver la totalité des blessures au fur et à mesure.

Vos émotions ne sont que des réactions à des croyances, toutes vos émotions ne sont que des manifestations de l'ego qui réagit à ces croyances, qui se rend compte que ces croyances sont faibles face à l'amour, face à la vie.

Vous essayez de contrôler la vie en oubliant que vous en faites partie, que vous en êtes composé·e, vous vivez cette illusion de la coupure. À partir de là, toutes les émotions existent. Voilà pourquoi il faut laisser vivre vos émotions profondément pour qu'elles vous interpellent, pour qu'elles vous provoquent, pour qu'elles vous retournent, pour qu'elles vous dépassent, parce que c'est le feu de l'intérieur qui pousse les murs de vos croyances, c'est le feu de l'amour intérieur pour vous-même qui craquelle les structures de non-amour.

Vous avez déjà le droit de vous libérer, la force du pardon est déjà à l'intérieur de vous, vous n'avez pas à faire d'effort, vous n'avez pas un travail à faire pour pardonner à ceux·celles qui vous ont offensé·e, pour libérer vos potentiels d'être. D'être et ensuite donc de faire, donc ensuite d'avoir.

Mais il faut d'abord casser ce que vous croyez être, les croyances que vous avez, les croyances qu'on vous a fait croire, qu'on vous a fait valider, adopter, les croyances que vous avez acceptées. Tout est là pour pardonner, pour libérer les mémoires. Tout est là pour libérer les croyances, tout est là pour apaiser les émotions, pour finalement n'en laisser qu'une vivre et s'expanser : l'émotion d'amour, l'émotion de joie, l'émotion d'humour, l'émotion de vérité, l'émotion de réalité, l'émotion universelle, l'émotion de profondeur, l'émotion d'unité, l'émotion de réconciliation. Car nettoyer vos mémoires, c'est aussi vous réconcilier profondément avec la vie, avec vos différentes expériences, avec vos incarnations et donc comme vous vous réconciliez avec vous-même, vous vous réconciliez avec tou·te·s les autres qui vous ont « offensé·e puis brûlé·e, battu·e, critiqué·e, bafoué·e ».

Avec cet amour absolu que vous avez en vous, vous pouvez être dans une confiance radicale avec la vie, une confiance radicale avec vous-même et donc, le pardon peut être radical.

Vos mémoires vous appartiennent, vos croyances ont fait que vous les avez gardées, emportées. Vous pouvez libérer ces mémoires, mais pour les libérer profondément ainsi que tout ce qu'elles ont pu créer comme poussière, vous devez à la fois pardonner radicalement aux autres, à la vie et à vous-même. Et donc aimer absolument la vie, absolument l'autre et donc absolument vous-même.

Vous pouvez à partir de maintenant enclencher le processus conjoint de libération de cette inimitié intérieure, de ce pardon radical, de cette confiance absolue, de cette libération profonde.

Vos corps subtils sont « lourds » de ces croyances, vos corps sont « lourds » de ces mémoires, sont « lourds » de ces blessures, de ces émotions, mais ce ne sont que des réactions en chaîne.

Si vous revenez au début de cette source, intime, universelle, si vous demandez à toutes les parties de votre corps de vibrer le pardon, de vibrer l'amour ; vous ressentirez cette légèreté, vous ressentirez un changement de densité.

Quand on est dans l'amour et dans l'acceptation de soi, de la vie et des autres, le corps n'est plus lourd, la vie n'est plus faite de souffrances ou de complexité. Puisqu'on a changé le regard, on a décidé ici et maintenant d'un choix profond, intime, universel, d'être.

Ici et maintenant dans l'instant présent, il n'y a que l'être qui compte.

À partir du moment où vous êtes dans l'instant présent, vous vous trouverez beau ou belle, vous vous trouverez fort ou forte, vous vous trouverez léger ou légère, vous vous trouverez drôle, vous vous trouverez capable, puissant·e, légitime. Si vous observez qui vous êtes vraiment, dans l'instant présent, vous vous rencontrerez.

Si vous déviez ne serait-ce que d'un degré, ou dans ce que vous appelez le passé ou ce que vous appelez l'avenir, ou si vous vous regardez avec les lunettes des autres, ou ce que vous croyez que les autres ont comme regard sur vous, vous êtes dans l'erreur, vous êtes dans l'illusion, vous êtes dans le non-amour.

Le vrai amour est dans l'instant présent, ici et maintenant, dans ces pleins potentiels, dans une honnêteté qui se regarde en face, qui reconnaît la liste de tout ce qu'elle est. Certain·e·s diraient des choses positives et des choses négatives, c'est une façon de se déterminer dans le non-amour. Nous dirions juste ce que nous sommes, les conséquences de ce que nous avons été et ce qu'il reste à faire ou à mettre en lumière pour être pleinement.

Libérez-vous des maux qui vous entretiennent dans le système de non-amour, libérez-vous de la charge des maux qui vous dévient du moment présent, libérez-vous des concepts, des croyances, qui dévient du moment présent.

Le moment présent n'est pas un concept, le moment présent est la seule réalité.

Pas seulement la réalité tangible, mais la seule vraie réalité.

Plus vous enclenchez ce processus, plus vous décidez qu'ici et maintenant vous enclenchez ce processus d'amour et de destruction de toutes les structures de non-amour ; vous gonflerez, vous réussirez à être hors du jugement.

Le but n'est pas de réussir quoi que ce soit, il n'y a pas d'objectif, le but n'est pas de construire, le but est d'évoluer en soi, de grandir en soi, d'observer ce grand soi, de le comprendre, de l'interroger, de le faire vivre, bien sûr, de danser en pleine conscience, de manger en pleine conscience, de regarder l'autre en pleine conscience, de marcher en pleine conscience, d'aimer en pleine conscience.

Vous avez le droit de sortir de l'axe de l'amour mais observez. Observez votre fréquence à vous y résoudre, la durée, les façons d'en sortir ou la façon dont les systèmes vous y gardent ou vous y contraignent. Vous pouvez sortir de l'amour mais regardez où il commence et où il finit, comprenez-le, pour aider les autres à transmettre ces compréhensions.

C'est la base pour libérer toutes vos mémoires.

Aujourd'hui, vous vous libérez de vos mémoires de femmes ou d'hommes qui ont été nommés « sorcières ». Qu'elles aient été herboristes, guérisseuses, accoucheuses, soigneuses, parfois juste femmes ou hommes, parfois juste pour un trait physique, un âge ou juste « accusé·e de ».

Pour celles qui ont fait le bien et pour celles qui ont fait le mal parce que dans l'instant présent de l'amour absolu il n'y a pas de jugement, il y a une acceptation, il y a une transmutation, il y a une mise en lumière qui est possible.

Alors vous allez demander à votre corps d'écouter, d'écouter votre appel, de faire comme l'inventaire des mémoires de souffrances, qui sont, que vous les ressentiez ou non, comme des petits points qui clignotent, engrammés, enregistrés, emportés dans vos différentes incarnations. Il y a peut-être une zone de votre corps qui les ressent plus particulièrement, ou alors comme des petits grains de sable énergétiques partout, peu importe.

Alors tout simplement vous allez imaginer que ces points, cette matière énergétique physique à l'intérieur de votre corps, dans votre ADN, va être décollée. Va être décollée et va venir s'agréger en un centre au-dessus de vous comme des milliers de bulles dans une bouteille d'eau gazeuse qui remonteraient et qui seraient agrégées, qui se rejoignent.

Laissez sortir toutes les bulles de toutes ces cellules qui ont entendu le message et regardez le chemin qu'elles font, comment la bulle se forme, quelle en est la taille, ce que la sortie provoque dans votre corps. Et quand la bulle sera rejointe par toutes les petites bulles, quand toutes les bulles se seront rejointes, observez.

Et puis nous allons tout simplement lui envoyer de la gratitude, de la gratitude pour ce qu'elle nous apprend sur la vie, de la gratitude pour ces mémoires qui nous ont accompagné·e·s et qui nous ont peut-être parfois servi à nous protéger, à ne pas reproduire certaines erreurs. Aujourd'hui, vous avez compris qu'il n'y avait pas d'erreur ; aujourd'hui, vous avez compris qu'il n'y avait pas de mal ; aujourd'hui, vous avez compris qu'il n'était pas nécessaire de garder ces mémoires ; aujourd'hui vous avez compris qu'il fallait les mettre en lumière comme les caresser, les accepter, les aimer mais aussi leur dire que maintenant vous pouvez faire sans. Sans parce que cette incarnation est différente, parce que l'époque est différente, parce que votre âme a évolué.

Ce sont comme des leçons que nous avons intégrées, tellement maintenant au cœur de notre âme que nous n'avons plus besoin qu'elles soient lourdes dans le corps, qu'elles nous empêchent d'avancer, qu'elles nous retiennent d'être.

Alors tout simplement avoir de la gratitude et puis nous allons même transformer cette bulle. Cette bulle, en comptant jusqu'à trois, va se défragmenter, et cette bulle remplie de petites particules d'amour, de pardon, de confiance, va être comme défragmentée, chaque petite particule de lumière va être envoyée à l'une des personnes qui auraient peut-être accusé, jugé, torturé, dénoncé, fait du mal à toutes les sorcières, guérisseuses, guérisseurs… C'est ce que vous êtes aujourd'hui en faisant cela, vous êtes en train de vous guérir vous-même et cette lumière est en train de se transformer et en envoyant cette petite particule d'amour et de pardon, vous êtes en train de guérir le cœur de l'autre également.

Car quel est l'intérêt de se libérer si on ne libère pas les autres également ? Quel est l'intérêt de libérer les mémoires de celles et de ceux qui ont souffert si on ne libère pas ceux·celles qui ont souffert d'être des accusateur·rice·s, des tueur·se·s, des juges avec les limites qu'imposaient leur époque, leur temps, leur esprit peut-être, avec la charge des croyances d'alors, universelles, populaires, culturelles, religieuses, familiales et personnelles ?

Vous êtes déjà en train de prendre ce pouvoir de guérisseur ou guérisseuse en faisant cela. En pardonnant, on se fait le cadeau de s'alléger et on est déjà en train de se guérir et donc de guérir l'autre, car plus on se guérit, plus on guérit l'autre, plus on guérit l'humanité et la terre.

Ressentez déjà ce que cela provoque en vous d'être capable aujourd'hui de pardonner à l'autre, de le guérir, de le comprendre, et peut-être que par le jeu du temps, de l'espace quantique, peut-être même nous avons reçu une des paillettes que nous avons envoyées, car peut-être nous avons été dans une autre vie un·e juge, un·e dénonciateur·rice, une femme jalouse qui en aurait accusé une autre de sorcellerie ; peut-être que par le jeu quantique, quand nous libérons, quand nous pardonnons à l'autre, c'est également à nous que nous pardonnons et quand nous nous pardonnons c'est également à l'autre que nous pardonnons.

Maintenant que toutes ces paillettes sont réparties dans l'Univers comme des expériences de lumière, d'amour, de transmutation, vous allez pouvoir puiser à l'intérieur de votre cœur, de cette source abondante, de cette fontaine de jouvence, de ce graal, qui va irriguer toutes les petites parties, tous les espaces qui ont été libérés dans votre corps. Vous pouvez activer comme des fils ou des paillettes d'amour, qui vont savoir exactement où se placer, des énergies qui sortent de votre cœur, de votre chakra au niveau du cœur ou tout simplement qui circulent dans votre bulle en posant cette intention que tout aujourd'hui et maintenant soit rempli d'amour et même que tout ce qui vibre plus bas que l'amour soit extrait et remplacé par l'amour, l'amour dont vous êtes fait·e, l'amour dont vous êtes le gardien, la gardienne, l'amour que vous émanez, l'amour que vous partagez, l'amour que vous méritez.

Et tout en vous maintenant guérit, c'est comme un processus qui permet de décoller plus facilement et plus rapidement toutes les autres mémoires et de continuer ce processus d'allégement, de libération et de vérité en vous, en l'autre et en l'Univers.

Alors merci pour vous, merci pour la Terre, les humains, merci pour l'Univers.

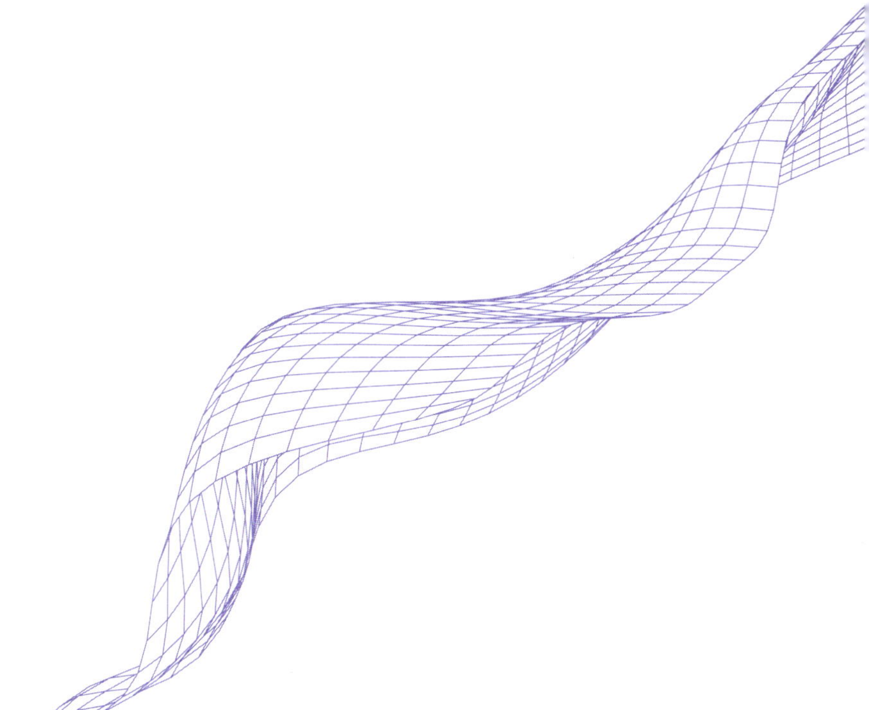

CONCLUSION

Dans notre exploration des annales akashiques, nous sommes toujours en proie aux doutes, à l'interrogation, aux mystères… Voilà pourquoi il est crucial de ne pas perdre de vue l'importance du moment présent. Bien que les annales akashiques puissent offrir des informations précieuses sur nos vies antérieures et des perspectives éclairantes sur notre chemin spirituel, nous ne devons pas nous laisser emporter par le passé ou l'avenir.

La magie réside ici et maintenant, dans l'instant présent. C'est dans le présent que nous pouvons véritablement vivre, grandir et trouver l'épanouissement. C'est dans l'instant présent que nous pouvons créer des liens significatifs, exprimer notre authenticité et faire des choix alignés avec notre être le plus profond.

Nous sommes ici pour vivre pleinement chaque moment, embrassant la beauté et les défis de notre existence terrestre.

Cultivons notre conscience et notre gratitude pour les expériences que nous vivons ici et maintenant. C'est dans cette pleine conscience que nous pouvons trouver la paix intérieure, la croissance personnelle et la connexion profonde avec notre être essentiel.

Alors je fais le vœu, pour vous et tou·te·s les autres que vous accompagnerez peut-être, que les vies antérieures nous rappellent toujours de revenir à l'instant présent, où la magie de la vie se déploie pleinement.

Encore plus en paix, encore plus en joie, encore mieux en conscience.

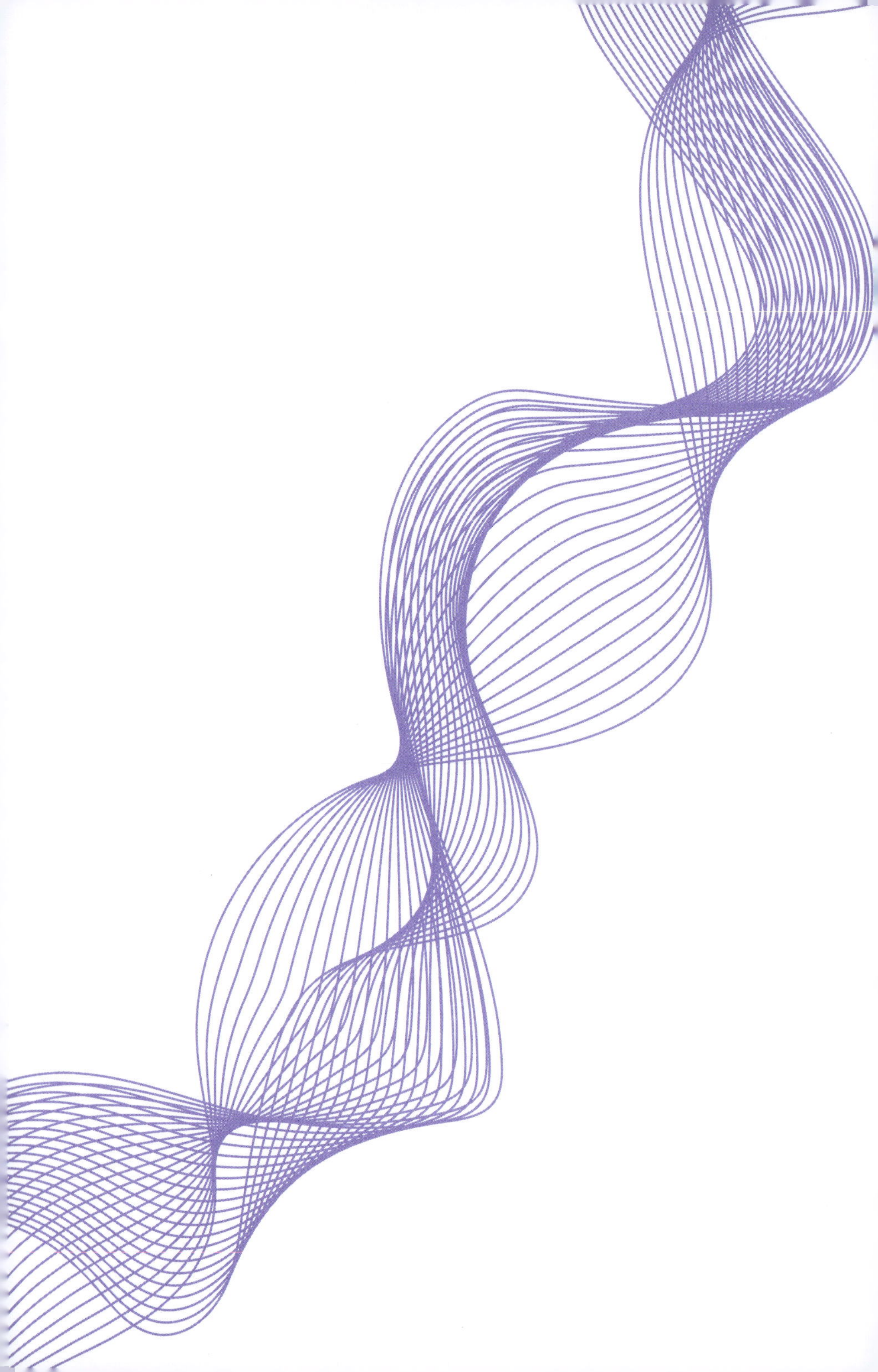

ÉPILOGUE

Méditation d'augmentation des fréquences et de libération globale (guidance)

Refusez les lunettes qu'on vous a forcé·e à porter pour regarder la vie.
Remerciez la loyauté qui désormais vous enferme.
Et rompez tous les contrats avec d'autres, tous les vœux qui n'ont plus cours.
Rendez à chacun·e les émotions, les expériences qui ne vous appartiennent plus.
Éclatez les phrases limites que vous avez entendues, dites ou crues.
Éclatez tous les systèmes de domination discriminatoires, rabaissants, soumettants.
Tout ce qui vous a donné l'impression de n'être pas assez, ou trop, différent·e, pas capable, pas légitime, pas d'ici…
Débarrassez-vous de votre ancienne version de vous-même.
Refermez le livre du passé.
Laissez derrière vous vos vies antérieures et leurs résidus.
Refermez la porosité avec les vies parallèles pour qu'elles ne vous impactent pas.
Refusez les mouvements qui vous enferment dans un cercle sans fin de souffrances.
Extrayez de vous les croyances qui ne vous correspondent plus.
Reprenez votre souveraineté entière totale, pleine, infinie et non négociable.
Renvoyez toutes les interférences, parasites, implants, programmations, contrats.

Appelez votre âme à se relever, à se déployer totalement dans TOUT son espace énergétique.
Cassez les chaînes qui ne tiennent même plus sous votre vitalité.
Pardonnez toutes les tentatives de contrôle.
Éradiquez la souffrance d'être, les peurs, les ressentiments, l'irritation, la colère, la mégalomanie, le sentiment de supériorité, l'orgueil, refusez la honte.
Décommandez toutes les blessures et tous les conflits d'âme.
Faites taire le bruit du mental.
Donnez un cadeau, à quelqu'un, à vous.
Dites merci.
Dites merci à la vie.
Dites-vous merci à vous-même.
Ressentez-vous proche de ceux·celles que vous aimez.
Ressentez-vous proche de votre voisin, de l'humain, de l'humanité.
Trouvez en vous la compassion pour ceux·celles qui ont moins de chance, envoyez-leur de la lumière.
Pensez à l'amour, le beau, le grand, le simple amour qui nourrit, vous fait vibrer, à toutes les bêtises que vous avez faites par amour.
Pensez à l'amour de l'enfant pour les choses simples, jouez avec une feuille, dansez, sautez dans une flaque d'eau.
Pensez à la joie simple d'un bon moment.
Pensez la joie d'un moment simple.
Pensez à l'amour inconditionnel de l'Univers.
Pensez au plus bel endroit de l'Univers.
Dansez, ressentez les bienfaits du corps qui danse.
Regardez votre main, la magie de cette perfection.
Laissez-vous emporter par la magie de la vie...

Répétez :

Je suis les vibrations que j'émets.
Je suis le monde que je crée.
Je suis la lumière que je me permets.
Je suis ce miroir pour vous.
Je suis là.
Je suis bien plus que je ne puisse même imaginer.
Je ne suis pas là pour vous convenir mais pour que chacun·e se voie et trouve son « Je suis ».
Je suis spirales, hélices, fractales.
Je suis bien au-delà de ce que je vois.
Je ne crois pas être ce que j'ai car je ne possède rien sinon moi.
Je suis énergie.
Je suis le manuel et le jeu.
Je suis impermanent·e, paradoxal·e, déséquilibre.
Je suis joie.
Je ne suis pas cette image, cette limite ou cette croyance qui brûle les lois.
Je sais que je suis Un avec tout, avec toi.
Je sais que je vais et reviens ici et là.
Je sais que je ne sais pas.
J'accepte, je vis, joue.
Je refuse aussi, dévie, déjoue.
Je suis mon corps et mon corps me suit.
Je ne fuis plus.
Je me vois enfin tel·le que je peux, tel·le que je crois.
Ici et maintenant je suis... Trois petits points.
Et si j'étais trois fois moi ?

Je suis tous les soleils et la mer de tous les océans.
Je suis l'horizon et l'intra-Terre.
Je suis la cellule et le Tout, le proton et les cosmos.
Je suis les fourmis et la Source.
Je suis la création créatrice.
Je suis les consciences et les impensés.

Je suis génial·e et paradoxal·e.
Je suis les masculines et les féminins.
Je n'ai ni début ni fin, et ne suis réductible en rien.
Je suis le mouvement des tournesols.
Je suis l'énergie des corps et des planètes.
Je suis la Terre et ses richesses.
Je suis l'humanité et ses expériences.
Je suis l'autre et je suis plus que le moi.
Je suis une tentative de moi mais personne ne peut me définir.
Je suis libre quand je me le permets et j'arrête les excuses que je me trouve pour m'en empêcher.
Je suis un·e et multiple.
Je suis une illusion divine.
Je suis une vérité invérifiable et un mensonge magnifique.
Je suis l'amour densifié.
Je suis l'expérience personnifiée.
Je suis la somme de mes soustractions.
Je suis l'urgence du moment présent.
Je suis en moi-même à l'autre bout de la galaxie.
Je suis vertigineux·se quand je me regarde.
Je suis un avatar de Dieu.
Je suis une source d'amour en mission.
Je suis une amélioration de l'Univers.
Je suis votre miroir.
Je suis mon propre moteur et mon autosaboteur quand je l'oublie.
Je suis l'âme fatale.
Je suis ce que je crois être.
Je suis le tangible et l'inconnu.
Je suis le savoir et la puissance.
Je suis les compétences et les capacités.
Je suis le point d'équilibre entre le passé et les futurs.
Je suis la jonction entre l'intrigant petit et l'étrangement grand.
Je suis le point en suspension.
Je suis dans l'*open space*.

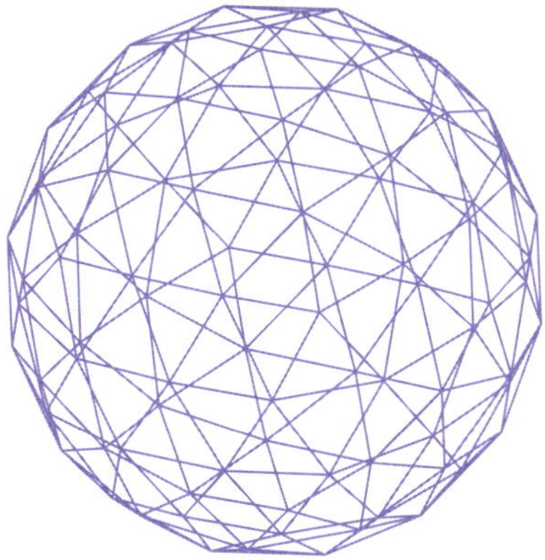

Je suis une virgule majuscule.
Je suis un geyser barricadé.
Je suis un instant d'éternité.
Je suis une belle aventure.
Je suis la vie qui passe en moi.
Je suis les arbres et les vaisseaux.
Je suis le sang et l'énergie.
Je suis l'oxygène de ce poumon.
Je suis l'asphyxie de cette Terre.
Je suis l'irraisonnable et l'imprévisible.
Je suis l'illusion du temps.
Je suis toi et je suis un roi.
Je suis nous et je suis vraiment lois.
Je suis la tentative d'expansion.
Je suis l'élève et le pardon.
Je suis le partage et la transition.
Je suis là pour tout ce qui se présente à moi.
Je suis présent·e à moi-même et au monde.
Je suis déjà là et ne demande qu'à irriguer le Tout.
Je suis déjà en suspension dans ta caverne d'Ali Baba.
Je suis déjà toi mais tu ne me laisses pas transformer ta vie.
Je suis déjà là mais tu ne me crois pas.
Je suis déjà là mais tu veux chercher à faire, à croire, à travailler alors qu'il faut juste arrêter de croire le contraire pour me laisser prendre ma place.
Accepte que tu es autre chose que ce que tu crois.
Sois curieux·se du qui.
Et en un instant si tu aimes cette expérience de jouer, vivre, tu ouvres et tu redeviens tout cela...
Pense à l'envers de toi, tu te découvriras.

À PROPOS DE L'AUTEUR

Je suis incarné dans cette vie en tant que Jérémy Fryson. J'ai 40 ans et je suis originaire du Nord de la France (Dunkerque). Je suis marié et j'habite aujourd'hui dans les Pyrénées où nous avons ouvert un gîte/centre de formation, de thérapie et de bien-être, la Maison Eveyo !

Auparavant, j'ai été danseur, éditeur… J'ai déjà eu mille vies dans cette vie ! Des expériences toujours motivées par la curiosité de la compréhension de la nature humaine, et le plaisir de vivre ICI et MAINTENANT !

Au fil de mes recherches de mieux-être personnelles, j'ai découvert (merci Internet !) Dolores Cannon et la magie de l'hypnose régressive, puis ailleurs dans le monde, des « éveilleurs » qui ont ouvert mon univers intérieur, de la médiumnité aux vies antérieures, des guides à la magie du subconscient…

Après plus de 1 500 séances individuelles d'hypnose spirituelle et régressive en tant que praticien, je me suis lancé en 2020 dans la formation de ces méthodes, pour partager mon savoir et mes techniques.

Car nous sommes avant tout des êtres créateurs, j'ai développé de nombreuses méthodes pour déceler dans nos systèmes inconscients les mises à jour nécessaires : hypnose spirituelle et hypnose totémique, psychogénéalogie énergétique, HoliScan, une méthode de soins holistiques, ainsi que les soins d'âmes qui vont plus loin que les soins énergétiques pour toujours « PLUS DE JOIE, DE PAIX ET DE CONSCIENCE » !

J'ai ainsi créé l'école **Éveil aux mondes intérieurs** (formations de thérapeutes, soins individuels et séjours spirituels) et **Éveil professionnel**, un centre de formation certifié pour aider les praticien·ne·s, thérapeutes, coachs ou indépendant·e·s à RÊVER, RAYONNER et RÉUSSIR !

Je n'ai pas beaucoup de tabous mais je respecte la pudeur, les limites et les croyances de chacun·e, nous avons toutes et tous des histoires différentes, nos épreuves, nos identités…

Les liens utiles

- Mail : eveilauxmondesinterieurs@gmail.com
- Le site : https://www.eveilauxmondesinterieurs.com/
- La page Facebook de l'école https://www.facebook.com/formationstagespiritualitemediumnitehypnose
- Le compte Instagram de l'école : https://instagram.com/eveil.mondes.interieurs

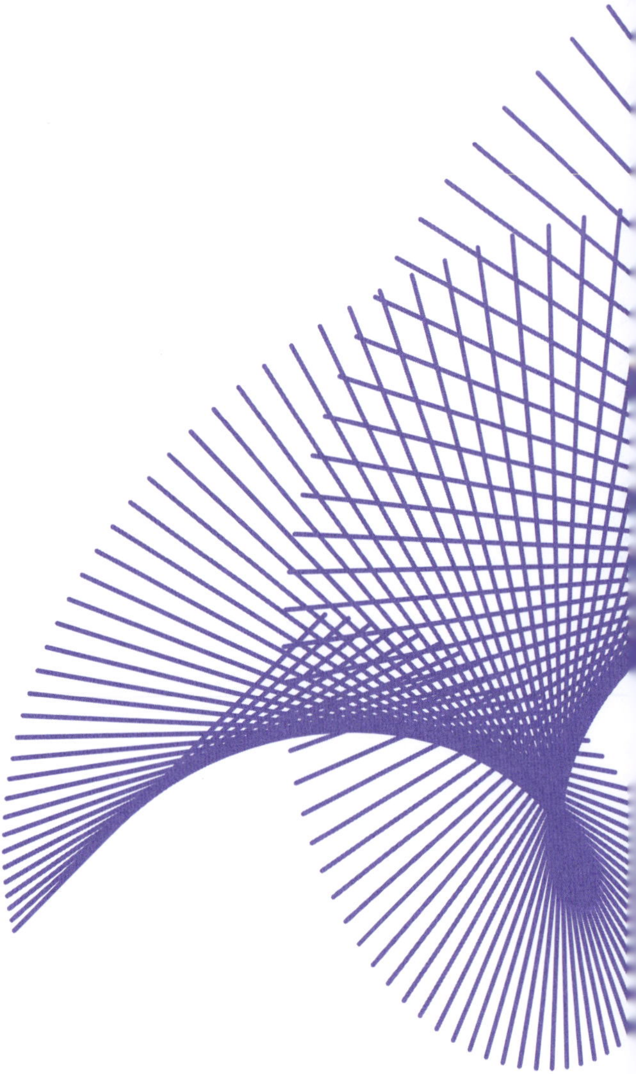

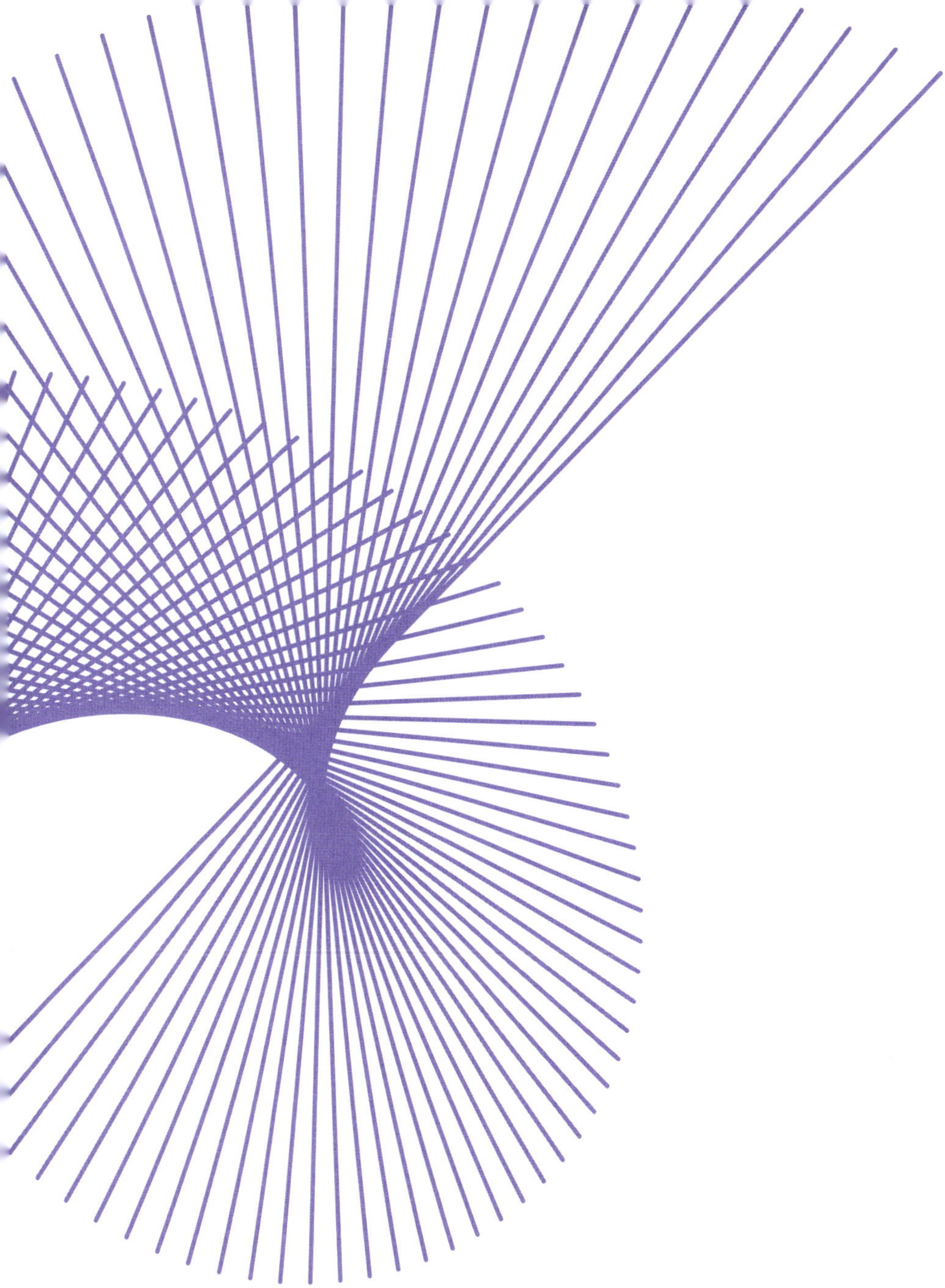

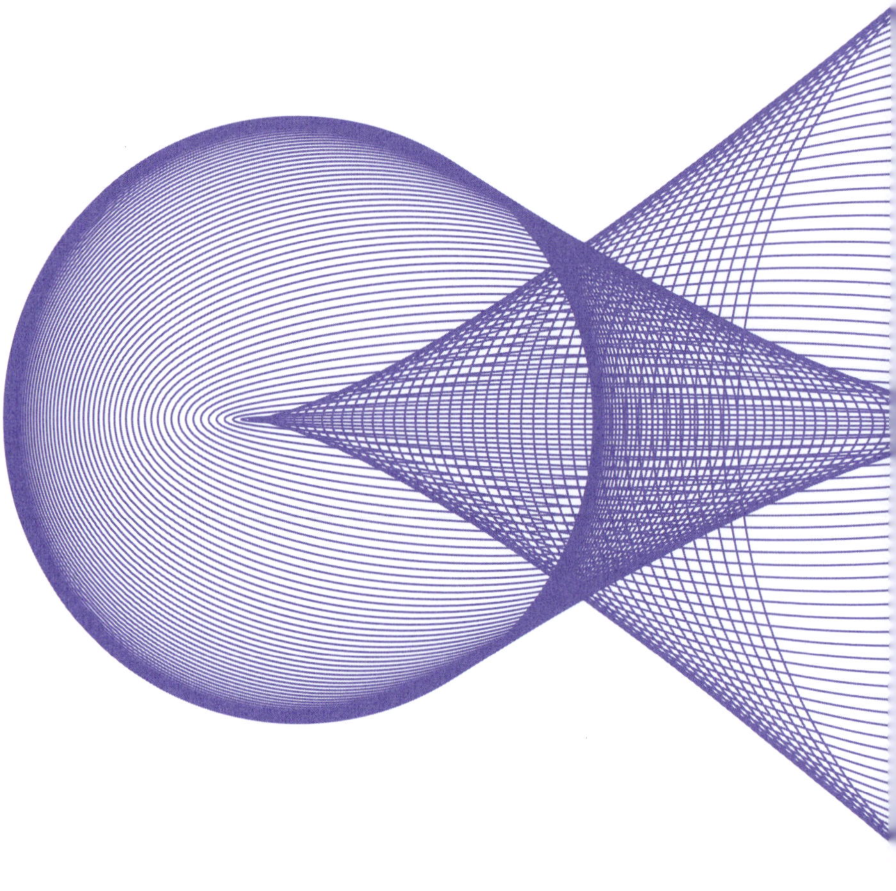

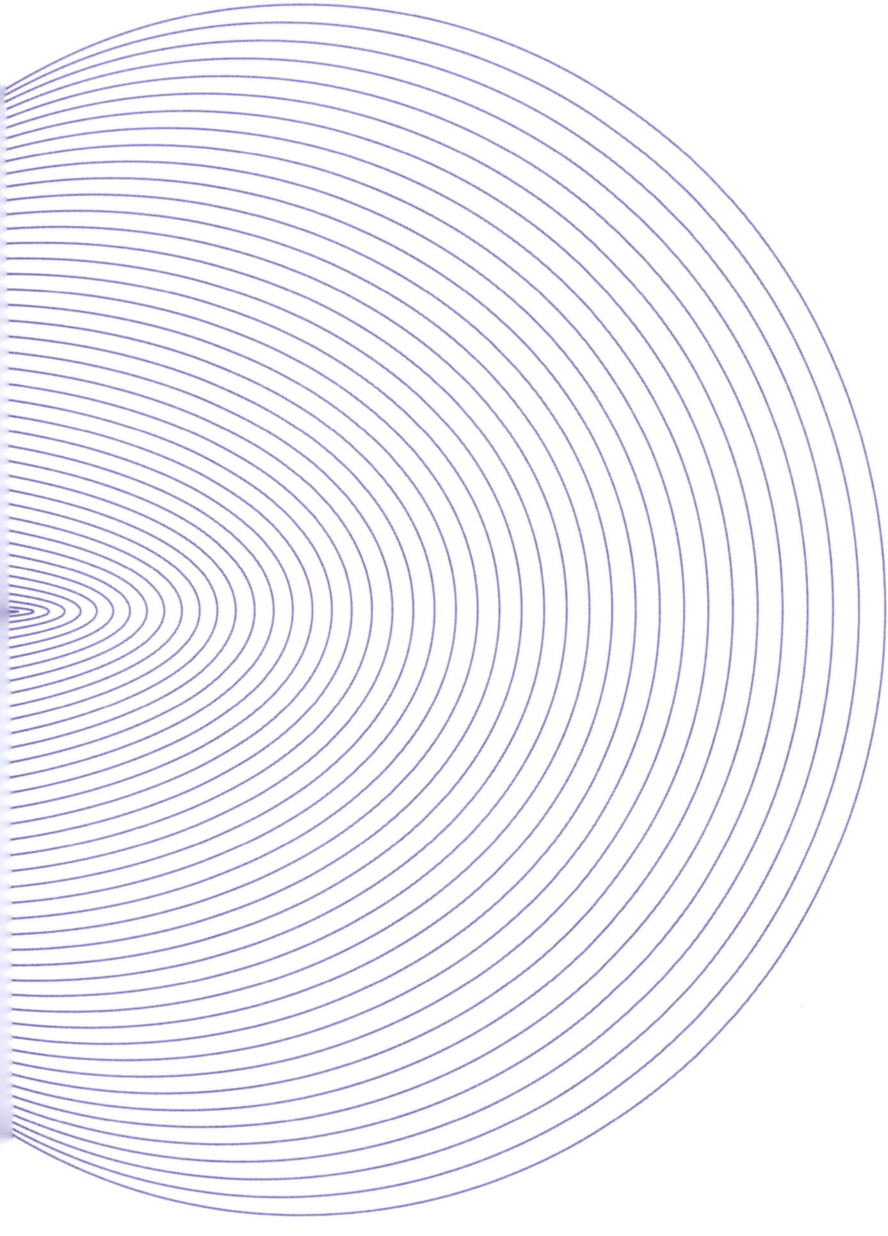